Ursula Rücker-Vogler

Kinder können entspannt lernen

Grundlagen und Übungen

Don Bosco Verlag

Die Deutsche Bibliothek – CIP-Einheitsaufnahme

Rücker-Vogler, Ursula:
Kinder können entspannt lernen : Grundlagen und Übungen /
Ursula Rücker-Vogler.
- 1. Aufl. - München : Don-Bosco-Verl., 1994
    ISBN 3-7698-0754-5

Alle Angaben und Übungsanweisungen wurden von der Autorin
und dem Verlag sorgfältig geprüft und ausgearbeitet.
Dennoch beinhaltet es immer ein gewisses Risiko, Körperübungen
nur aufgrund eines Buches zu erlernen und auszuführen.
Eine Haftung und Garantie kann deshalb nicht übernommen werden.

1. Auflage 1994 / ISBN 3-7698-0754-5
© by Don Bosco Verlag, München
Umschlaggestaltung: Alex E. Schmid, Penzberg
Fotos: Monika Gräwe, Nierstein
Grafiken nach Entwürfen der Autorin: Adolf Böhm, Aschheim
Gesamtherstellung: Salesianer Druck, Ensdorf

Inhalt

Vorwort

Einige Jahre sind seit dem Erscheinen meines Buches „Yoga und Autogenes Training mit Kindern"[1], welches sich besonders mit Kindern im Kindergartenalter befaßt, vergangen. In dieser Zeit hat sich gezeigt, daß sich nicht nur engagierte Eltern, Yogalehrer und Erzieherinnen dafür interessieren, wie Kinder die Kunst des „Sich-entspannen-Könnens" und des aus sich selbst „Kraft-schöpfen-Könnens" erlernen. Auch Lehrer und Sonderpädagogen besuchten die Fortbildungsveranstaltungen zu diesem Thema und sprachen mich wiederholt auf die Problematik von Schulkindern an.

Und so ist es ganz folgerichtig, daß ich nun – endlich – dem Wunsch vieler Eltern und Lehrer entspreche und ein Übungsbuch mit Anleitungen und Tips zum Thema „Entspannt lernen" erstelle.

Als Yogalehrerin erschien es mir nur natürlich, einfache Yogahaltungen vorzustellen. Aber es war mir auch wichtig, andere Entspannungsmethoden und Lernhilfen anzubieten. Und so verstehe ich dieses Buch auch nicht als „Yogabuch", sondern als ein Buch, welches vielfältige Entspannungshilfen vorstellt und erklärt.

Es ist aus dem Herzen geschrieben. Es soll ein Buch für „jedermann" sein, nicht nur für jene, die sich auf dem „Yogapfad" befinden oder sich für sogenanntes „östliches" Wissen und Gedankengut interessieren. In erster Linie habe ich dieses Buch natürlich für die Schüler geschrieben, um ihnen ganz konkrete Praktiken zum „Sich-entspannen-Können" an die Hand zu geben. Da es aber letztendlich die Erwachsenen sein werden, die als Eltern, Lehrer oder Gruppenleiter entscheiden, ob sie dem Kind oder Jugendlichen diese Entspannungsübungen nahebringen möchten oder nicht, war es mir wichtig, bestimmte Hintergrundinformationen zu den einzelnen Übungen und Überlegungen zu liefern. Ich möchte Sie mit diesen Hintergrundinformationen nicht zu „Experten" machen, sondern ich möchte Sie damit in den Stand versetzen, selbst den Sinn und Wert dieser Übungen kritisch hinterfragen und beurteilen zu können.

Dieses Buch vermittelt Einsichten darüber, wie sehr unser Dasein an Lebensfreude und Qualität gewinnt, wenn wir Phasen der Ruhe und Entspannung als natürlichen, regelmäßigen Bestandteil des Lebens betrachten – nicht nur nachts, wenn wir schlafen, sondern auch am Tag.

Es vermittelt Einsichten darüber, daß schon kurze Phasen der Ruhe und Entspannung die gesamte körperlich-geistige Verfassung des Menschen stärken und für die folgenden Stunden dem Körper und Geist spürbar neue Kraft und Klarheit schenken.

Es vermittelt Einsichten darüber, wie körperliche Muskelverspannungen und Streß überhaupt entstehen, und stellt Methoden vor, wie diese

---

[1] 1. Auflage 1989; 2. Auflage 1991; 3. Auflage 1993, Don Bosco Verlag, München

psycho-physischen Anspannungen erkannt und bewußt gelöst werden können.

Es vermittelt Einsichten darüber, daß sich im entspannten Zustand sehr viel leichter und freudiger lernen läßt, und daß wir gelerntes Wissen im entspannten Zustand auch sehr viel besser verarbeiten und wieder erinnern.

Und es vermittelt Einsichten darüber, wieso das Erlernen des „Sich-entspannen-Könnens" gerade in jungen Jahren so wichtig ist. Kinder, die bereits früh die Erfahrung machten, daß es möglich ist, selbst umfassende Themen und Probleme auf eine entspannte und harmonische Art und Weise zu bewältigen, werden später – dann also, wenn sie selbst erwachsen sind – eher in der Lage sein, die vielfältigen komplexen Probleme unserer Welt auf friedliche und entspannte Art und Weise zu lösen. Sie werden beides benutzen: „Kopf und Herz".

Vielleicht ist dies – langfristig gesehen – sogar der wichtigste Aspekt dieses Buches.

Ich bin selbst Mutter eines neunjährigen schulpflichtigen Jungen und einer sechsjährigen „ABC-Schützin". Beide gehen gerne und mit Begeisterung in die Schule – noch. Ich beobachte mit großer Freude, mit welcher Neugierde, welchem Tatendrang und Wissensdurst sie dem Leben begegnen, und trotz Eifer und Arbeit ihr Lachen und Spiel nicht verlieren. Ich staune immer wieder über sie und all die Kinder, die es so gut verstehen, aus ihrem eigenen inneren Zentrum heraus zu leben. Und ich wünsche allen, daß es so bleibt, was keine Selbstverständlichkeit ist. Menschen, die aus ihrem eigenen inneren Zentrum heraus leben, in Kontakt sind mit ihren Gefühlen, ihren Träumen und ihrer schöpferischen Phantasie, bleiben offen für die Welt, bleiben lernbereit, freundlich und liebesfähig. Und solche Menschen brauchen wir mehr denn je.

Dieses Buch soll als Anleitung dienen, Entspannungsübungen zu Hause, in der Schule, im Rahmen einer Gruppenstunde oder Beratung durchzuführen. Es richtet sich an Schüler, Eltern, Lehrer und Gruppenleiter* gleichermaßen und handelt davon, daß es möglich ist, auf spielerische und leichte Art zu lernen und zu leben, ohne Streß, in einer entspannten und ruhigen Atmosphäre.

* Übrigens: Auch wenn in diesem Buch bei der Nennung von Schülern, Lehrern, Ärzten, Gruppenleitern etc. jeweils nur die männliche Form des Wortes verwendet wird, sind selbstverständlich auch die jeweils weiblichen Vertreter gemeint.

Widmung und Dank

Dieses Buch ist ebenso wie meine Arbeit mit Kindern durch Erfahrung gewachsen und geprägt. Und so möchte ich mich an dieser Stelle besonders bei den Kindern meiner Yogakurse bedanken; ich habe viel durch sie gelernt. Natürlich danke ich auch ihren Eltern für das in mich gesetzte Vertrauen und all den Menschen in meiner Umgebung, die mir durch ihre Ratschläge und konstruktive Kritik ein wertvoller Ansporn und eine große Hilfe bei der Erstellung dieses Buches waren.

Ein weiteres herzliches Dankeschön gilt den Kindern, die sich für dieses Buch fotografieren ließen:
Natali (6 Jahre), Stefan (8 Jahre), Raffael (9 Jahre), Tanja (10 Jahre), Angelina (13 Jahre).

Einleitung

Beim Nachdenken über die Begriffe „Schule" und „lernen" assoziieren wir in der Regel Situationen, in denen ein Lehrer, Dozent oder Professor vor einer größeren Gruppe von jugendlichen oder auch erwachsenen Schülern oder Studenten steht und seinen Unterricht hält. Die Schüler sitzen mehr oder weniger ruhig auf ihren Plätzen und versuchen, mehr oder weniger konzentriert, dem Unterrichtsgeschehen zu folgen. Was „der arme Kopf" in der Schule nicht mehr aufnehmen kann, muß dann eben zu Hause nachgearbeitet werden. Hausaufgaben sind angesagt. Und oft genug stehen die Schüler und ihre Eltern gleichermaßen unter dem ungeheuren Druck, den Leistungsanforderungen zu genügen und gute Noten zu erzielen.

Wenn wir über die Begriffe „Schule" und „lernen" nachdenken, so assoziieren wir damit „Leistungsdruck" und „Streß". Wir denken an „Noten", „Prüfungen" und „Zeugnisse" und an die beunruhigend hohe Zahl von Schulkindern, die bereits in jungen Jahren an nervösen Schlafstörungen, Spannungskopfschmerzen und anderen psychosomatischen Störungen leiden. Der Druck und der Frust, unter dem die Schulkinder stehen, ist offenbar ungeheuer hoch, und er macht sich auch durch eine zunehmende Aggressivität und Gewalt Luft.

Unsere Kinder müssen heute sehr viel mehr lernen als die Generationen vor ihnen, denn das Wissen der Menschheit vermehrt sich unaufhaltsam. Eine neue wissenschaftliche Erkenntnis und Errungenschaft jagt die andere. Gleichzeitig nutzt sich das alte überholte Schulwissen ab, wird durch neue Erkenntnisse und Methoden ersetzt. Sowohl Lernende als auch Lehrende, Schüler und Lehrer, müssen ständig an neue Wissensgebiete herangeführt werden und sehen sich vor die Aufgabe gestellt, immer auf dem laufenden zu bleiben. Leben ist lebenslanges Lernen, aber muß es denn zwangsläufig auch so anstrengend „stressig" sein?

Ganzheitlich lernen – gibt es so etwas?

Auf der Suche nach einem Ausweg aus diesem Dilemma: den Schülern die Freude am Lernen zu erhalten – den anspruchsvollen Leistungsanforderungen der Schulen und Gesellschaft zum Trotz – erforschte Wolfgang Schmid, Professor an der Pädagogischen Hochschule in Flensburg in einer 17jährigen Studie die Wirkung „ganzheitlicher Lernmethoden". In seinem Artikel „Der innere Lehrer", der vor einiger Zeit in einem deutschen Magazin erschien, stellt er einen neuen Weg „ganzheitlichen Lernens" vor.[2] Die

---

[2] Vgl.: ESOTERA, Ausg. 4/88, Verlag Hermann Bauer, Freiburg, S. 26ff.
Weitere Artikel von W. Schmid zum Thema „Aktive Kontemplation", einer besonderen Form des Dialogs der Hemisphären, erschienen in ESOTERA, Ausg. 11/88 und 5/89.
Sonderdrucke der genannten Artikel sind zu beziehen bei: Wolfgang Schmid, Seminar für Schulpädagogik, PH Flensburg, Mürikerstr. 77, 24943 Flensburg.

neueren Forschungen haben ergeben, daß, etwas vereinfacht ausgedrückt, der entwicklungsgeschichtlich jüngste Teil unseres Gehirns, das Großhirn, aus zwei Hälften besteht: der rechten und der linken Hirnhemisphäre. Beide Hirnhemisphären haben eigene Aufgabengebiete. So kontrolliert die linke Hirnhemisphäre die rechte Körperhälfte. Sie steuert eher das sogenannte logische Denken und Verhalten. Wahrnehmungen werden von ihr gefiltert, analysiert, (aus-)sortiert, in eine bestimmte Reihenfolge gebracht und in möglichst bereits vorhandene „Denkschubladen" integriert. Hier werden Fakten abstrahiert, berechnet und logische, lineare, konvergente Schlußfolgerungen gezogen. Die rechte Hirnhemisphäre kontrolliert eher die linke Körperhälfte. Sie steuert das sogenannte intuitive Verhalten. Wahrnehmungen werden als Ganzes erfaßt, sodaß ein Gesamteindruck entstehen kann. Die Wirklichkeit wird subjektiv erfahren und spielerisch kreativ verarbeitet. Hier finden wir plötzliche Eingebungen, werden Übereinstimmungen und innere Muster und Gesetzmäßigkeiten erkannt, was oft zu divergierenden Schlußfolgerungen führt.[3]

Jede Gehirnhälfte geht also mit Wahrnehmungen anders um, verarbeitet sie auf ihre Weise und ermöglicht für sie typische Schlußfolgerungen. Lernen findet jedoch immer im ganzen Gehirn statt. Vereinfachend könnte man diesen Prozeß als einen Austausch von Informationen darstellen, in dem diese von den beiden Hirnhälften regelrecht hin- und hergeschoben werden, bis die gesonderten Wahrnehmungen und Auswertungen miteinander zu vereinbaren sind.

Auch der Informationsabruf, unsere Erinnerung, ist abhängig von einer intakten Kommunikation der beiden Hirnhemisphären. Der traditionelle Schulunterricht und das „Pauken" zu Hause beanspruchen vorrangig die linke Hirnhälfte; die Seite, die eher mit logisch-analytischem Denken, dem Auswendiglernen von Fakten und mathematischen Gesetzmäßigkeiten zu tun hat. Schöpferische Kreativität wird dadurch nicht nur nicht gefördert, sondern sogar behindert, was sich wiederum auf das Zusammenspiel der Hirnhälften und die Gesamtleistung des Denkens einschränkend auswirkt. Prof. W. Schmid kam zu dem Schluß, daß „Tagtraum", „Streiche" oder „Schabernack" im Schulunterricht oder auch beim Lernen zu Hause letztendlich nichts anderes sind als „Störmanöver der rechten unterforderten Hirnhälfte". Er folgerte daraus, daß solche Lernschwierigkeiten sich nicht durch eine „Änderung der Inhalte, sondern allein durch Veränderung des Lernverhaltens" beheben lassen. Er entwickelte Alternativen, die beide Hirnhälften gleichermaßen kreativ in den Lernprozeß einbezogen, und kam zu dem Schluß, daß „Entspannung", „Meditation" und „sinnliche" Herausforderungen (sehen, hören, riechen, schmecken und tasten) erfolgreiche Maßnahmen sind, um die rechte Hirnhälfte am Lerngeschehen freundlichst zu beteiligen.

In diesem Artikel befürwortet er neben der optischen Wahrnehmung sehr den Einsatz von akustischen Reizen, von musikalischen Schwingungen und Klängen, die den Kindern zu einer interhemisphärischen Kommunikation und dem damit einhergehenden „Ein-Klang und Harmonie zwischen sinnlichen, seelischen und geistigen Vorgängen" verhelfen. Wichtig ist, daß die

---

[3] Vgl. Maureen Murdock: „Dann trägt mich meine Wolke", S. 21

dargebotene Musik auch dem Alter des Kindes entspricht.

Die Schlußfolgerungen, die wir aus dieser Theorie des „ganzheitlichen Lernens" ziehen können, sind faszinierend. Wir lernen nicht nur mit dem Gehirn, wir lernen mit dem ganzen Körper. Alle Sinne sind am Lernprozeß beteiligt. Und es sind auch unsere Sinnesfunktionen, die wieder bestimmte Erinnerungen bewußt machen. So kann uns der Duft einer Blume plötzlich an einen bestimmten Menschen und seine Telefonnummer erinnern. Eine leise bestimmte Melodie erinnert uns beispielsweise nicht nur an unseren vorletzten Geburtstag, sondern auch noch an die Farbe unseres T-Shirts, das wir an diesem Tag trugen, an die Tatsache, daß es an diesem Tag regnete, und an weitere, längst „vergessen" gewähnte Einzelheiten. Auch Bewegungen sind „sinnliche Herausforderungen" und stellen eine Lernhilfe dar. Und nun wird deutlich, warum manche Menschen, Kinder und Erwachsene, hin- und herlaufen, um sich besser konzentrieren, gelerntes Wissen verarbeiten oder wieder erinnern zu können. Oder warum manche beim Lernen mit dem Stuhl schaukeln, mit dem Fuß wippen, pfeifen oder essen. Instinktiv verschafft sich der Mensch die Voraussetzungen, die er zu einem „ganzheitlichen" Lernen braucht. Nun sind diese eher unbewußten „Krücken" nicht immer glücklich gewählt. Manche stören die Mitschüler, machen die Lehrer und Schüler „verrückt" oder, wenn jemand als „Lernhilfe" pfundweise Süßigkeiten vertilgt, machen ganz einfach dick. Von dem Zigarettenkonsum, den gerade ältere Schüler und Erwachsene gewohnheitsmäßig und unbewußt als Lern- und Konzentrationshilfe nutzen, ganz zu schweigen.

Wir können diese Hilfen zum „ganzheitlichen Lernen" aber auch bewußt und zum Wohle der körperlichen und geistigen Gesundheit einsetzen. Wir können lernen, in der Schule und bei den Hausaufgaben bewußt „kleine Pausen der Ruhe und Entspannung" einzulegen. Massagen, Körper- und Atemübungen, wenn sie in Ruhe, achtsam und konzentrativ ausgeführt werden, stellen eine weitere „sinnliche Herausforderung" und Chance zum „ganzheitlichen Lernen" dar. Auch geleitete Phantasiereisen und die Meditation fördern die Imaginationsfähigkeit und Lernfähigkeit des Kindes.

Und was das Wichtigste ist: Diese Übungen machen Spaß, denn sie verhelfen zu einem größeren körperlichen und geistigen Wohlbefinden. Sowohl Eltern als auch Lehrer können diese Übungen mit den Kindern durchführen. Wenn die Kinder diese Übungen einige Male ausgeführt haben, dann werden sie diese auch selbsttätig als Lern- und Entspannungshilfen einsetzen.

Entspannen lernen, um entspannt lernen zu können

Wer hat nicht schon einmal eine dieser unangenehmen Situationen erlebt, in denen uns des „Rätsels Lösung", ein Name beispielsweise, „auf der Zunge lag", aber wir konnten uns trotz aller Anstrengungen beim besten Willen nicht erinnern. Und kaum sind wir zu Hause, oder es ist abends, und wir legen uns entspannt ins Bett, plötzlich ist uns dieser Name wieder präsent. In Bezug auf unser Lern- und Erinnerungsvermögen hat die Fähigkeit des „Sich-entspannen-Könnens" eine sehr förderliche Wirkung. Wir lernen leichter und mehr, wenn wir entspannt sind. Und wir erinnern uns leichter und an mehr, wenn wir entspannt sind.

Wenn wir uns entspannen, dann schieben wir Anstrengungen und Leistungsdruck zur Seite. Sich entspannen können heißt, seine Aufmerksamkeit von den Reizen und der Buntheit der Außenwelt abzuziehen und nach innen zu lenken. Gleichzeitig wird auch die Aktivität der Gedanken ruhiger. Muskeln entspannen sich, die Atmung vertieft sich, und allmählich treten wir in näheren Kontakt zu unseren Gefühlen und dem reichen Schatz der Bilder- und Ideenwelt des eigenen Innern. Entspannung bedeutet nicht unbedingt „einschlafen", sondern im Zustand einer inneren Achtsamkeit verschaffen wir uns Zugang zu unserer schöpferischen Kraft im Innern und werden unserer Inhalte gewahr. Je tiefer wir uns entspannen können, desto mehr kommen wir mit uns selbst in Berührung, und desto mehr Klarheit und Einsichten erhalten wir. Das wohl populärste Beispiel für eine intakte Kommunikation der Hirnhemisphären und der damit verbundenen Erkenntnis der Weisheit und Klarheit des eigenen Innern in entspannten schöpferischen Ruhephasen ist der Chemiker August Kekule von Stradonitz. Er erschaute plötzlich den Aufbau des Benzols als „Benzolring". Dies geschah lange bevor die Wissenschaften über die technischen Mittel verfügten, um die ringförmig verbundenen Kohlenstoffatome mit den angelagerten Wasserstoffatomen tatsächlich nachzuweisen. Aber wir alle kennen solche Momente der „Einsicht", der „Erleuchtung", wo „uns ein Licht aufgeht" oder endlich der berühmte „Groschen fällt". Im Zustand der Entspannung können wir uns öffnen, nach innen und nach außen, wodurch die Aufnahme von

neuen Informationen und auch von schulischem Wissen gefördert wird. Auf diese Weise verschafft uns ein Zustand der Entspannung die Achtsamkeit, Klarheit und Einsicht, die wir brauchen, um unsere Handlungen und unser Leben effektiver und befriedigender zu gestalten. Entspannung bedeutet, „geistesgegenwärtig" zu sein – und dies ohne jede Anstrengung. Aber auch *entspannen* will gelernt sein!

Es ist allgemein bekannt, daß ein zuviel an Streß („Disstreß") wohl eine der Hauptursachen für die verschiedensten Krankheiten und Leiden unserer Zeit ist.

Entspannen ist gesund! Physiologisch gesehen fühlt sich ein entspannter Körper besser an. Herzschlag, Stoffwechsel, Stoffwechselverbrauch und Atmung verlangsamen sich. Die Muskelanspannungen lassen nach, der Blutdruck wird niedriger, und die Gehirnaktivität schaltet vom normalen Wachzustand auf niedrigere Frequenzen um. Es gibt viele Beispiele dafür, wie förderlich Entspannung für die Stärkung der Immunabwehr und für die tiefgreifende Regeneration des Nervensystems und der Zellen ist. Immer wenn wir uns tiefgreifend entspannen, tun wir für unsere Gesundheit viel Gutes, und wir fördern unseren geistigen Frieden. So, wie sich uns unsere Gesellschaft und unser Alltag heute darstellt, ist Streß für Erwachsene und Kinder unvermeidlich. Es gibt jedoch einige sehr einfache Methoden, um einen neuen Umgang mit sich und den alltäglichen Anforderungen zu lernen, und so Streß und Anspannung mit einer inneren Ruhe und Entspannung zu begegnen.

Körperliche Übungen und Massagen lösen muskuläre Verspannungen, verbessern die Haltung und schaffen so die Voraussetzung für eine optimale Atemtätigkeit.

Atemübungen fördern einen stabilen Atemrhythmus, der sich auch durch äußere Streßeinwirkungen und Aufregungen nicht irritieren und in seinem freien Fluß behindern läßt. Sie haben so eine tiefgreifende regenerierende Wirkung auf das Nervensystem.

Bewußte Phasen der Ruhe und Entspannung fördern die Fähigkeit des Körpers und des Nervensystems, besser „abzuschalten", oder im natürlichen Wechsel und Fluß von Aktivität und Ruhe leichter „umzuschalten".

Phantasiereisen und Meditationsübungen fördern die Imaginations- und Konzentrationsfähigkeit.

Die o.g. Übungsweisen gehen Hand in Hand. Sie greifen ineinander über und ergänzen sich gegenseitig. Sie machen uns auf lebendigste Art und Weise bewußt, daß muskuläre Verspannungen letztendlich die Folge unseres Umgangs mit unseren Gefühlen, die Folge unserer Gedanken und geistigen Grundeinstellung zu uns und zur Welt sind. Zugleich ermöglichen sie es uns, kreativ an uns und unseren Inhalten zu arbeiten. Wir können an der Welt, so wie sie sich uns heute präsentiert, nichts ändern – jedenfalls nicht von heute auf morgen. Wir können uns entscheiden, ob wir meinen, uns unseren Lebensweg angespannt freikämpfen zu müssen, oder ob wir ihn in einer entspannten Geisteshaltung, voll Vertrauen zu uns und zum Leben, beschreiten wollen. Es liegt allein an uns. Und das ist schön, denn auf diese Weise können wir selbst unser Leben leben und werden nicht gelebt.

TEIL I

Entspannungsübungen im Überblick

„Wir können uns dem Idealzustand
unseres Körpers und Geistes
nur *annähern*.
Vollkommenheit gibt es nicht.
Der Prozeß ist es, der wichtig ist,
in dem wir lernen,
ein Gefühl für die Entspannung
zu entwickeln."

Milton Trager

In diesem ersten Teil werden die grundlegenden Überlegungen und Übungen zum „Sich-Ent-spannen" vorgestellt. Da diese Übungen sowohl zu Hause als auch in der Schule und in der Gruppenstunde praktiziert werden können, wende ich mich an die Schüler, Eltern, Lehrer und Gruppenleiter gleichermaßen. Ich habe mich bei den Übungsanleitungen für die „Du-Form" als Anrede entschieden. Sie erschien mir am zweckmäßigsten für die Eltern, die ihren Kindern diese Übungen nahebringen, und für die Schüler, die selbsttätig mit diesem Buch arbeiten.

Vorbereitende Überlegungen zum praktischen Üben

Allein der Entschluß, durch praktische Übungen selbst für das körperliche und geistige Wohlbefinden zu sorgen, ist schon Ausdruck einer positiven und lebensbejahenden Haltung gegenüber uns selbst. Dies gilt nicht nur für die Schüler, sondern auch für uns Erwachsene, die wir ständige Vorbilder für die uns anvertrauten Kinder und Jugendlichen sind. Wenn wir selbst einen positiven und gesunden Umgang mit uns pflegen, dann motivieren wir durch ein solches Verhalten mehr als durch lange „Moralpredigten". Kinder haben ein gutes Gespür dafür, ob der Erwachsene „echt" ist und selbst lebt, wofür er plädiert. Nicht nur die Kinder können Spaß und echten Nutzen aus diesen Übungen ziehen, sondern auch der Erwachsene. Die eigene Einstellung wirkt sich unmittelbar auf die Arbeit mit Kindern aus: „Lasse ich üben?" oder „Lernen und üben wir gemeinsam?" In der ersten Version steht der Erwachsene daneben, in der zweiten Version signalisiert er, daß auch er nicht „perfekt" ist, sondern an sich arbeitet und lernt. Und er signalisiert, daß es auch gar nicht darauf ankommt, „perfekt" zu sein, sondern darauf, sich selbst und anderen mit Achtung und Toleranz zu begegnen. Ich muß es der individuellen Lern- und Unterrichtssituation des einzelnen überlassen, ob die vorgestellten Übungen in den üblichen Tagesablauf „kurz eingeschoben" werden, oder ob die Möglichkeit besteht, diesen Übungen einen ganz besonderen Platz im Leben einzuräumen. Wie auch immer, wichtig ist, daß wir diese Übungen in einem Zustand geistiger Achtsamkeit und Konzentriertheit ausführen. Jede einzelne von ihnen. Der echte Fortschritt besteht nicht darin, so viele Übungen wie möglich „hinter sich zu bringen". Der echte Fortschritt besteht darin, die Fähigkeit zu entwickeln, sich langsam den Inhalten, die uns jede einzelne Übung vermittelt, zu öffnen und sie auszuloten. Es kommt darauf an, in den Übungen zu entspannen. Es kommt darauf an, die Geduld und Hingabe zu entwickeln, die uns lang und ausdauernd mit einer bestimmten Erfahrung beschäftigen läßt.

Erwachsene und ältere Schüler sind in der Regel in der Lage, selbst für angenehme Übungsbedingungen zu sorgen. Aber gerade jüngere Schüler bedürfen hier der Unterstützung und des Respekts seitens der Eltern und Lehrer. Ich weiß aus eigener Erfahrung, daß man sich als Erwachsener manchmal „ganz schön komisch" vorkommt, wenn der siebenjährige Sprößling kategorisch auf sein „Recht auf Ruhe" besteht, und Vater, Mutter und Geschwister ganz einfach aus dem Zimmer schickt oder sonstwie für Ruhe sorgt. Wichtig ist hier, daß wir die Bemühungen unserer Kinder oder Schüler, für ihr Wohlergehen selbst die Verantwortung zu übernehmen und dafür zu sorgen, uneingeschränkt unterstützen. Auch, wenn es manchmal schwer fällt.

Die Umgebung

Zuhause: Am besten wählen wir einen ruhigen, sauberen und gut belüfteten Ort, an dem wir ungestört üben und entspannen können. Die Raumtemperatur sollte weder zu warm, noch zu kühl sein. Ein Teppich, eine Decke oder ein Sitzkissen als Unterlage machen die Übungen besonders angenehm. Die äußere Umgebung unseres Wohn- und Arbeitsraumes spiegelt unseren Geisteszustand wider. Indem wir für eine angenehme Atmosphäre sorgen, können wir in unserem Innern positive Gefühle fördern. Wenn wir die Übungen nur „kurz einschieben", so ist es sinnvoll, auch für diese kurze Zeit, alle Gedanken, die nichts mit den Übungen zu tun haben, loszulassen. Wir können diesen Vorgang einleiten und symbolisch unterstreichen, indem wir Heft und Buch zur Seite legen oder den Computer abschalten und das Fenster öffnen. Wir können die Augen schließen und uns zunächst einmal in unseren Körper einspüren. Auf diese Weise bringen wir uns ganz in die Übung ein.

In der Schule: Die ideale Bedingung, um in der Schule „Entspannungsübungen" zu praktizieren, wäre ein eigens dafür eingerichteter Ruheraum. Ein Raum also, der mit einem weichen Teppich, angenehmer Raumtemperatur und gedämpftem Licht ausgestattet ist. Grünpflanzen, meditative Bilder, Kerzen und leise meditative Musik machen die Atmosphäre eines solchen Raums besonders wohltuend. Dieser Raum müßte sowohl von ganzen Klassen als auch – in den Pausen – selbständig von einzelnen Schülern benutzt werden dürfen. Es gibt in manchen Schulen bereits „Raucherzimmer". Warum dann nicht auch einen „Ruheraum"? Ansonsten könnten die Übungen sowohl in den Unterricht „kurz eingeschoben" als auch fester Bestandteil eines „lebendigen, bewegten Unterrichts" werden. Man kann sie also auch vor Ort, im Klassenzimmer, praktizieren, wobei dann auch hier für gute Luft (Fenster öffnen) und eine angenehme Atmosphäre (Kerzenlicht, Meditationsmusik, Anweisungen des Lehrers mit sanfter, leiser und tragender Stimme) gesorgt werden kann.

Der Zeitpunkt

Wichtig ist regelmäßiges Üben. Wichtig ist auch, daß die letzte große Mahlzeit mindestens drei Stunden zurückliegen sollte. Diese Empfehlung gilt besonders dann, wenn nicht nur eine, sondern mehrere Übungen als „Übungsreihe" ausgeführt werden. Das Üben mit vollem Magen kann zu körperlichem Unwohlsein (Übelkeit, Kopfschmerzen, Bauchweh, Kreislaufbeschwerden) führen.

Zuhause: Der geeignetste Zeitpunkt zum Üben ergibt sich aus dem Tagesablauf der Familie. Frühaufsteher finden morgens die Zeit, selbständig bestimmte bevorzugte Übungen ungestört zu praktizieren. Ein weiterer günstiger Zeitpunkt ist nach der Schule. Hier können die körperlichen Übungen sehr gut als „Ventil" zum Streß- und Aggressionsabbau genutzt werden.

In der Schule: Im Unterricht können die Übungen sehr gut an den Anfang einer Schulstunde gestellt werden. Besonders die Imaginations- und Meditationsübungen sind eine gute Einstimmung auf den folgenden Unterricht. Mit den körperlichen Übungen und mit Massage kann man gezielt bestimmte Verspannungen etwa im Rücken oder im Hals-/Nackenbereich lösen. Meist werden solche Übungen und die den Körper und

Geist klärenden Atemübungen gegen Ende einer anstrengenden Unterrichtssituation notwendig. Wichtig ist, daß diese Entspannungsübungen zu einem festen Bestandteil des Unterrichts werden.

Die Kleidung

Zuhause: In unseren „eigenen vier Wänden" können wir optimal für eine bequeme Kleidung, etwa eine Gymnastikhose und T-Shirt, am besten aus Naturmaterialien, sorgen.

In der Schule: Bequeme Kleidung, die die Bewegungen und den freien Fluß der Atmung nicht behindern, ist auch hier notwendig. Die beengende Krawatte, der enge Hosenbund werden geöffnet, die Brille wird abgelegt, die Schuhe am besten auch.

Die innere Einstellung

Entspannung beginnt im Geist. Lassen wir den Leistungsdruck „vor der Tür"! Der Schwierigkeitsgrad der einzelnen Übungen wird der individuellen Belastungsgrenze des einzelnen Schülers angepaßt. Alle Übungen werden sehr achtsam, sanft und gewaltlos ausgeführt.

Bitte beachten:

Die Angaben über die Übungsdauer der einzelnen Haltungen und Übungen entsprechen der durchschnittlichen Belastbarkeit eines gesunden Schulkindes. ABC-Schützen im Alter von 6 bis 9 Jahren sind natürlich nicht so ausdauernd und konzentrationsfähig wie ein 15jähriger Schüler oder eine Schülerin dieser Altersstufe. Darüber hinaus brauchen Schulanfänger spielerische, bildhafte Übungsanleitungen. Hinweise dazu finden sich am Ende der meisten Übungsanleitungen.

Die in diesem Buch beschriebenen Übungen haben einen hohen gesundheitlichen Wert. Ihr Hauptwert ist der der gesundheitlichen Vorsorge. Sie können eine ärztliche Therapie unterstützen, sie jedoch nicht ersetzen.

Die Übungsanweisungen und die dazugehörigen Angaben über ihre therapeutischen Wirkungsweisen wurden möglichst ausführlich und sorgfältig ausgearbeitet. Es beinhaltet aber immer ein gewisses Risiko, Körperübungen nur aufgrund eines Buches zu erlernen und zu üben. Aus diesem Grund ist es wichtig, bei bereits bestehenden akuten oder chronischen Erkrankungen *immer* den persönlichen Rat eines Arztes und/oder eines erfahrenen Übungsleiters hinzuzuziehen, *bevor* die Übungen ausprobiert werden. Wenn während der Übungen körperliches Unwohlsein auftritt (Schmerzen, Übelkeit, Kreislaufbeschwerden ...), so sollten die Übungen sofort abgebrochen und erst dann wieder aufgenommen werden, wenn die Ursache dieser Beschwerden geklärt ist und der behandelnde Arzt oder Therapeut das Weiterüben befürworten kann.

I. Mach mal Pause

Viele Menschen empfinden die täglichen Herausforderungen mit den immer wiederkehrenden Verpflichtungen wie eine Zwangsjacke, der sie nur allzu gerne entrinnen. Freizeit ist dann angesagt. Es gibt aber auch noch einen anderen Weg als den des „entweder – oder"!

Neben dem Herzrhythmus und dem Atemrhythmus ist einer der grundlegendsten Rhythmen menschlichen Lebens der rhythmische Wechsel zwischen „Wachen und Schlafen" oder „Aktivität und Ruhe". Dieses Buch geht von der Annahme aus, daß wir uns bewußt diesem „Rhythmus des Lebens" anschließen können. Wenn wir bewußt Ruhephasen als schöpferische Pausen in unseren Alltag integrieren, dann treten wir wieder in Kontakt mit der natürlichen Ordnung des Lebens. Wir können die starren, manchmal frustrierenden Strukturen unseres Lebens aufweichen und den Alltag mit Kraft und Lebensfreude bereichern.

Gerade dann, wenn uns „die Termine jagen", wenn wir „keine Zeit" und viel zu viel „um die Ohren haben", dann sind solche kleinen Pausen ganz besonders wichtig. Es ist sicherlich nicht immer einfach und bedarf eines kleinen „inneren Rucks", aber wir werden es selbst erleben:

„In der Ruhe liegt die Kraft."

Goethe

Mit neuen Einsichten und Tatendrang, gestärkt und getröstet gehen wir wieder ans Werk.

Wagen wir also einen kleinen Versuch – hier – jetzt gleich:

Übung: **„Wir legen eine kurze Pause ein"**

- Lege alles (Buch, Stift usw.) aus der Hand.
- Steh auf und recke und strecke Dich.
- Gehe zum Fenster, öffne es und atme einige Male tief durch. Atme tief aus und ein.
- Nun setz Dich wieder hin. Auf einen bequemen Stuhl oder ein Sitzkissen. Oder leg Dich hin.
- Mach es Dir bequem und schließe die Augen.
- Schicke für diese kurze Pause alle Gedanken an Arbeit, Termine, Verpflichtungen, Prüfungen usw. weg. Laß die Gedanken daran los.
- Mit einem tiefen Seufzer (ausatmend) läßt Du alle Gedanken los.
- Jetzt ruhst Du Dich aus – und jetzt gibt es nichts Wichtigeres als das.
- Genieße diese Ruhe und Entspannung in Dir.
- Wenn Du nach einigen Minuten wieder aus dieser Ruhe und Entspannung auftauchst, so atme ein oder zwei Mal etwas tiefer ein und aus. Recke und strecke Dich, gähne.

Mit neuer Kraft schaust Du wieder in den Tag.

Du kannst auch die folgenden „Massagen", „einfachen Lockerungsübungen", „Körperübungen", „Atemübungen", „Wahrnehmungsübungen", „Ruhe- und Entspannungsübungen", „Phantasiereisen" und „Meditation" als „kurze Ruhepause" einsetzen.

Du kannst jede dieser Übungen auch in Dein tägliches Übungsprogramm integrieren.

Aber fange langsam an. Dieses Buch enthält viele Übungen und Anregungen, und jede einzelne kann, wenn Du ihr Deine ungeteilte Aufmerksamkeit schenkst, Dich ihrer entspannenden, belebenden Wirkung ganz öffnest, Dir Deine innere Kraftquelle erschließen. Es gilt der Grundsatz „weniger ist mehr".

Mach Dir zur Gewohnheit, nach jeder Übung, auch dann, wenn Du mehrere Übungen (Übungsreihe) praktizierst, in Dich hineinzuspüren. Lerne, Dir die Zeit dafür zu nehmen. Auf diese Weise übst Du, „in die Stille zu gehen", Dich in Dich, in Deine Gedanken und Gefühle ganz zu vertiefen. Je mehr Du dazu in der Lage bist, desto leichter wird es Dir fallen, mitten im Alltag, ja, wenn es sein muß und Du es so möchtest, sogar mitten in der größten Hektik kleine Ruhepausen und Phasen der Stille einzulegen.

II. Massagen

Das lange Sitzen und Arbeiten am Schreibtisch überanstrengt häufig unsere Augen, auch die Muskulatur im Hals-, Nacken-, Schulterbereich und im Gesicht ermüdet und spannt sich an. Die folgenden Massagen wirken gerade solchen Ermüdungserscheinungen und den damit verbundenen Verspannungen und Konzentrationsschwierigkeiten entgegen. Sie können im Sitzen (auch am Schreibtisch) ausgeführt werden.

Wir können durch einfache Massagen muskuläre Verspannungen lösen, die Durchblutung des Körpers fördern und ihn wohltuend beleben. Wenn wir uns massieren, dann beeinflussen wir nie nur eine Stelle des Körpers, sondern den gesamten Organismus. Unser Körper, seine Gesundheit, die Tatsache, wie er sich anfühlt und ob er angespannt oder entspannt ist, ist immer sichtbarer und fühlbarer Ausdruck der unsichtbaren Vorgänge, also unserer Gedanken, Gefühle, Hoffnungen und Ängste im eigenen Innern. Wenn wir unseren Körper berühren, berühren wir uns als Ganzheit, als den Menschen, der wir gerade sind.

Wir können das Massageerlebnis vertiefen, indem wir ihm unsere ungeteilte Aufmerksamkeit schenken. Wenn wir wach, achtsam und einfühlsam sind, verwandeln wir die „einfachste" Massage in eine alles durchdringende, heilende Kraft.

1. Übung: „Die Augen entspannen" – palmieren

- Setz Dich entspannt aufrecht hin.
- Nun reibe die Handinnenflächen aneinander, bis diese durch die Reibung warm und „energetisch aufgeladen" werden.
- Anschließend legst Du die Hände als „hohle Handschalen" auf die geschlossenen Augenlider.
- Atme ruhig und regelmäßig.
- Genieße die entspannende Wärme, die von den warmen Handschalen ausgeht.
- Nach etwa einer Minute läßt Du die Hände locker in den Schoß sinken und spürst mit noch immer geschlossenen Augen nach.

- Vielleicht fühlen sich die nun unbedeckten Augenlider etwas kühler – angenehm kühler – an?
- Spürst Du, wie sich durch die entspannten Augen auch Dein ganzes Gesicht, Stirn, Wangen und Mund entspannen?
- Genieße Deine entspannten Augen, so lange Du magst. Du kannst diese Übung auch noch einmal wiederholen.

2. Übung: „Eine einfache Gesichtsmassage"

- Setz Dich entspannt aufrecht hin und schließe die Augen.
- Und nun setzt Du die vier Fingerkuppen (vom Zeigefinger, Mittelfinger, Ringfinger, kleinen Finger) einer jeden Hand unterhalb des Haaransatzes auf die Stirn auf.
- Ausatmend fährst Du mit den Fingerkuppen nach unten über Dein Gesicht, Deinen Hals hinweg bis zur Brust. Und mit dem Ausatmen nimmst Du alle Verspannungen aus Deinem Gesicht mit nach unten, als wolltest Du sie ausatmend an die Erde abgeben.
- Einatmend setzt Du wieder oben an.
- Nach etwa einer halben Minute läßt Du die Hände locker in den Schoß sinken und spürst mit noch immer geschlossenen Augen nach.
- Wie fühlt sich ein entspanntes Gesicht an?
- Wie wirkt sich ein entspanntes Gesicht auf Deine Gefühle und Gedanken aus?
- Genieße Dein entspanntes Gesicht, so lange Du magst. Du kannst diese Übung auch noch einmal wiederholen.

3. Übung: „Kopfmassage"

- Setz Dich entspannt aufrecht hin.
- Und nun massiere mit den vier Fingerkuppen (Zeigefinger, Mittelfinger, Ringfinger, kleinem Finger) einer jeden Hand systematisch die Kopfhaut. Die Daumen ruhen an den Schädelseiten.

- Massiere mit sanftem, leichten Druck.
- Diese Massage belebt und durchblutet die Kopfhaut.
- Schließe die Augen und genieße das angenehme belebende Gefühl.

III. Anregende entspannende Körperübungen

Eine gebeugte Sitzhaltung mit rundem Rücken und mit nach vorne gezogenen Schultern kann die verschiedensten gesundheitlichen Störungen zur Folge haben. Die Muskulatur im Hals-, Nacken-, Schulterbereich und im Bereich des gesamten Rückens verkrampft sich. Chronische Muskelverspannungen in diesem Bereich können Kopfschmerzen und Konzentrationsstörungen verursachen. Des weiteren wird durch eine solche ungesunde Sitzhaltung auch der Brustkorb und damit die Herz-Lungenfunktion eingeengt. Eine freie Entfaltung des Atems wird unmöglich. Auch die Bauchinnenorgane und Drüsen werden in ihrer Funktion behindert.
Aber es gibt nicht nur orthopädisch bedingte Haltungsschwächen, Haltungsfehler und Haltungsschäden. Muskelverkrampfung aufgrund von Streß und Leistungsdruck spielen hier ebenfalls eine große Rolle. Es sieht ganz so aus, als wären es nicht unsere Kinder, die die Schulbank drücken, sondern als (er-)drückte die Schulbank unsere Kinder! Doch auch ehrgeizige Eltern neigen sehr dazu, ihre Kinder mit ihren Ansprüchen zu überlasten.

Die folgenden Körperübungen haben eine den Gesamtorganismus entspannende und zugleich belebende und kräftigende Wirkung. Sie lösen Muskelverkrampfungen in einem oder mehreren Bereichen auf, verbessern die Körperhaltung, regen die Herz-Kreislauffunktion an und befreien die Atmung. Ermüdungserscheinungen, Leistungsabfall und gesundheitlichen Schädigungen wird vorgebeugt.
Die Wirkungen der folgenden Körperübungen sind sehr tiefgreifend und vielfältig. Ein Grund hierfür liegt in den Übungen selber, ein weiterer in der Art, *wie* sie ausgeführt werden:

als Haltungen:

Viele der vorgestellten Übungen sind uns aus der Gymnastik oder aus dem Turnunterricht bekannt. Im Gegensatz zur Gymnastik werden sie jedoch nicht dynamisch, sondern statisch geübt, als *Haltungen* eben. Ein Automechaniker, der die Funktion eines Motors ganz genau studieren möchte, läßt den Motor ein Stückchen laufen, und dann hält er ihn an. Denn nur so kann er die feinere Mechanik des Motors näher kennenlernen. Mit unserem Körper ergeht es uns ähnlich. Wenn wir uns in eine bestimmte Haltung hineinbegeben und nun nicht wieder sofort aus dieser Haltung herausgehen, sondern darin verweilen, dabei ruhig und regelmäßig weiteratmen und achtsam spüren, was mit uns geschieht, können wir uns in den Feinheiten näher kennenlernen. Erst nach einigen Atemzügen, um unsere individuellen Belastungsgrenzen nicht zu überschreiten, lösen wir die Haltung wieder auf und kehren in die Ausgangsstellung zurück. Und es geschieht noch etwas: Indem wir in einer bestimmten Haltung verweilen, stärken wir auch unser Durchhaltevermögen und unseren Willen. Es ist zwar im täglichen Leben oftmals scheinbar einfacher, unangenehmen Situationen schnell auszuweichen als ihnen standzuhalten – in Wahrheit jedoch sind wir geflüchtet. Wenn wir aber in einer Übungssituation, fernab vom Alltag, trainieren, nicht sofort dem Impuls „abzuhauen" oder „auszuweichen" nachzugeben, sondern uns in einer solchen Körperhaltung mit uns, mit unserer Ungeduld, mit unserer Unkonzentriertheit und anderen Gefühlen und Gedanken, konfrontieren, so wird uns dies später auch in einer eventuellen Prüfungssituation (aus der wir auch nicht immer einfach dann herauskönnen, wenn wir gerade wollen!) von Nutzen sein. Wenn allerdings Schmerzen auftreten (oder anderes Unwohlsein), dann wird die Haltung sofort aufgelöst.

als Dehnhaltungen:

Der Organismus muß für jede körperliche Verspannung, also die Anspannungen eines Muskels oder einer Muskelgruppe, Kraft aufwenden. Dies gilt für eine willentliche Muskelanspannung, wenn wir beispielsweise einen Arm oder ein Bein anheben, ebenso wie für die unwillkürlichen und oft auch chronischen Verspannungen. Wenn nun der Körper durch die Yogaübungen sanft gedehnt wird, die Muskelanspannungen gelöst, Verkrampfungen und selbst chronische Verspannungen allmählich beseitigt werden, dann hat der Organismus plötzlich mehr Kraft für andere Zwecke zur Verfügung. Auf diese Weise bewirken die sanften Dehnhaltungen auf ganz natürliche Weise eine Mobilisierung der körpereigenen Abwehrkräfte, eine Regenerierung des Nervensystems und eine Steigerung der Konzentrationsfähigkeit und Arbeitsleistung. Darüberhinaus erlaubt ein entspannter Körper auch den freien natürlichen, zur Aufrechterhaltung von Gesundheit und Leben notwendigen Atemfluß.

Haltung-Gegenhaltung:

Im Prinzip von „Haltung-Gegenhaltung" entsprechen wir den polaren Kräften, die in unserem Körper und außerhalb von uns bestehen. Außerhalb von uns erleben wir die Polaritäten von „Sommer – Winter", „warm – kalt", „Tag – Nacht", „hell – dunkel", „Himmel – Erde", „oben – unten", „männlich – weiblich", um nur einige zu nennen. In unserem Organismus erleben wir diese polaren Kräfte als einen Wechsel von „wachen – schlafen", „einatmen – ausatmen"; der Blutkreislauf transportiert das Blut mal „mit", mal „gegen" die Schwerkraft, ständig werden neue Zellen „gebildet", „erhalten" und gleichzeitig „sterben" andere ab. Alles Leben ist zwischen diesen polaren Kräften ausgespannt. Es gilt, das harmonische Gleichgewicht dieser Kräfte zu erreichen, also ein Ungleichgewicht (Überbetonung der einen Seite) zu vermeiden. Aus diesem Grund beugen wir uns nach rechts *und* nach links, vor *und* zurück, usw. Nach jeder aktiven Phase (Übung, Haltung) folgt eine Ruhephase (nachspüren), und wenn wir mehrere Übungen zu einer ganzen Übungsreihe zusammengestellt haben, dann folgt dieser Phase der Übung und Bewegung eine ausgedehnte Schlußentspannung. Auf diese Weise trainieren wir die Umschaltfähigkeit des Organismus und des vegetativen Nervensystems, repräsentiert z.B. im Wechsel vom Wachzustand zum Schlafzustand. Wir lernen, den Kräften des Außen (Reize, Alltagsanforderungen, Eindrücke) innere Kräfte entgegenzusetzen.

als Atem aus der Bewegung:

Durch die Atemanweisungen zu den einzelnen Bewegungen entsteht „Atem aus der Bewegung". Die Bewegungen werden zum Atemanreiz, der den Körperinnenraum dehnt und öffnet, ihn für die Entwicklung eines frei fließenden Atems befreit und so unser Atemvermögen unterstützt.

Der Atem wird *nie* angehalten, sondern es wird immer ganz natürlich und ungezwungen *möglichst durch die Nase* geatmet. Jüngere Kinder der unteren Schulklassen üben die einzelnen Körperübungen *ohne* Atemanweisung. Um sicher zustellen, daß sie nicht in manchen Haltungen „versehentlich" die Luft anhalten, ist es aber wichtig, sie zu einem ruhigen und regelmäßigen Atem aufzufordern. „Atmet ruhig und regelmäßig weiter".

als Wiederholung:

Jede einzelne Übung wird wiederholt. Entweder unmittelbar nach dem ersten Versuch als „zweites Mal" oder an einem anderen Tag. Auf diese Weise können wir uns in der Übung immer differenzierter wahrnehmen. In gewisser Weise ergeht es uns hier ganz ähnlich wie dem Betrachter eines Bildes: zunächst werden die Dinge wahrgenommen, die besonders auffällig sind. Mit der Zeit aber, je länger sich der Betrachter mit dem Bild befaßt, desto mehr Feinheiten nimmt er wahr. Zunächst ist der eigene Körper fester Bezugsrahmen und Erfahrungsfeld. Hier wird gespürt, geatmet, gedehnt, komprimiert; selbst subtilste Veränderungen und körperliche Signale werden allmählich erkannt und richtig interpretiert. Durch regelmäßiges Üben wird mit der Zeit auch das subtile Zusammenspiel zwischen Gedanken, Gefühlen und körperlichen Funktionen nicht nur beobachtet, sondern ebenfalls unter die eigene Verantwortung und Kontrolle gebracht. Auf diese Weise fördert im Grunde genommen jede Körperhaltung ein sicheres reales Körpergefühl, die Fähigkeit, seinen Körper zu beherrschen und selbst „Meister" seiner Gedanken und Gefühle zu sein. Das schafft Selbstvertrauen. Die verfeinerte Sinneswahrnehmung und Achtsamkeit beschränkt sich nicht nur auf den eigenen Körper, sondern fördert auch eine geschärfte Aufmerksamkeit und Wahrnehmungsfähigkeit für die feinen Nuancen in der Umgebung.

als „aktive Kontemplation":

Alle Körperhaltungen werden sehr achtsam und konzentrativ ausgeführt. Sie erlauben dem Übenden einen hohen Grad an Selbstgewahrsein, da auf die den Übenden begleitende (von sich selbst ablenkende) Musik, so wie sie im Gymnastikunterricht häufig zu finden ist, weitgehend verzichtet wird. Der Übende ist ganz „bei sich". Selbstgewahrsein und Selbsterfahrung beinhaltet immer Offenheit und unvoreingenommene Aufmerksamkeit für das „was ist". Auf diese Weise tritt der Übende in Kontakt mit seiner Innenwelt, eine ganzheitliche Wahrnehmung seiner selbst, eine intakte Kommunikation der beiden Hirnhemisphären wird ermöglicht. Im sanften und umsichtigen Umgang mit sich bereitet er sich auch auf einen friedlichen und umsichtigen Umgang mit anderen und dem Leben vor. In der Übungspraxis mit jüngeren Schülern von etwa 6 bis 9 Jahren wird mit „Bildvorstellungen" gearbeitet: z.B. einem Baum, der sich im Wind biegt. An die Stelle präziser „trockener" Übungsanleitung tritt eine bildhafte eigene Vorstellung des Kindes, die es nun durch Körperhaltung und -bewegung zum Ausdruck bringt.

Die besondere Berücksichtigung der Prinzipien „Haltung", „Dehnhaltung", „Haltung – Gegenhaltung", „Wiederholung", „Atem aus der Bewegung" und die „aktive Kontemplation" kommen aus der Übungspraxis des körperlichen Hatha-Yoga. Wenn auch nicht jede Körperübung immer als Haltung geübt werden kann, so werden doch die anderen Prinzipien in der Regel berücksichtigt. Die Vorteile einer solchen Übungsweise sind offensichtlich:

Im Grunde ermöglicht so jede Körperübung eine echte Selbsterkenntnis der eigenen Persönlichkeit und stellt zugleich eine Horizonterweiterung dar. „Selbstbewußt sein" heißt: Ich bin mir meiner Ängste, meiner Stärken, meiner Wünsche, meiner Schwächen, meiner besonderen Talente bewußt. Ich weiß, wer ich bin – aber ich weiß auch, daß es bei mir noch viel zu entdecken gibt! Ein Mensch, der dies von sich sagen kann, ist neugierig, offen für sich selbst, in der Lage, sich, seine Fähigkeiten und Grenzen real einzuschätzen und diese optimal im Leben zum eigenen Wohl und dem Wohle anderer einzusetzen.

Körperübungen im „aufrechten Stand"

1. Übung: **Wahrnehmungsübung „Wie stehe ich da?"**

Übungsdauer: ca. 1 Minute

- Stell Dich entspannt aufrecht hin. Die Füße sind ungefähr beckenbreit auseinander. Die Arme hängen locker an den Seiten.
- Atme ruhig und regelmäßig durch die Nase ein und aus.
- Spür Dich ganz in Deine Füße ein.
- Wenn es Deiner Konzentration hilft, kannst Du die Augen schließen.
- Wie fühlen sich Deine Füße an?
- Belastest Du sie gleichmäßig mit Deinem Körpergewicht?
- Und nun verlagere Dein Körpergewicht etwas nach vorne und belaste hauptsächlich die Fußballen und Zehen: Gibt es Körperbereiche, die sich nun anspannen? Wie fühlen sich die

Beine an? Das Gesäß? Die Bauchmuskulatur? Der Rücken? Die Schultern? Ist Dein Gesicht entspannt?

- Und nun kehre wieder in die Ausgangshaltung zurück: beide Füße werden gleichmäßig belastet. Wie fühlt sich Dein Körper nun an? Verändert sich Dein Atem?
- Und nun experimentiere weiter, indem Du nacheinander zuerst die Fersen, dann die Fußaußenkanten und dann die Fußinnenkanten belastest. Beobachte, welche Körperbereiche sich nun anspannen, und wie sich das auf Deine Atmung auswirkt.
- Dann kehre wieder in die Ausgangshaltung zurück und spüre nach.

Die *1. Übung* mit jüngeren Schülern (ca. 6 bis 9 Jahre):
Wir werden zu einem Denkmal. „Friere Deine Körperhaltung zu einem Denkmal ein! Nichts bewegt sich mehr – gar nichts. Aber es wird natürlich weitergeatmet, und nun spüre, wo sich Dein Körper verspannt!"

Kommentar:
Jedes kleine Steinchen im Schuh wirkt sich auf unsere gesamte Körperhaltung aus, denn der Körper muß selbst feinste Haltungsabweichungen ausgleichen. Dies bedeutet in der Regel eine vermehrte Muskeltätigkeit und Anspannung in bestimmten Bereichen. Je bewußter wir unser Körpergewicht gleichmäßig auf beide Füße, und zwar auf die ganzen Fußflächen verteilen, desto leichter fällt uns der aufrechte Stand. Ein entspannter Körper erlaubt wiederum einen vertieften, freien Atemfluß. Es lohnt sich also, im Alltag, auf dem Schulhof, wenn wir in einer Warteschlange stehen oder an der Bushaltestelle,

immer mal wieder nachzuspüren und sich zu fragen: „Wie stehe ich gerade da?"
Wie Du sonst „dastehst", können Dir Deine Schuhe, genauer: Deine „abgelatschten" Schuhsohlen, ganz genau sagen!

2. Übung: „**Die Berghaltung**"

Übungsdauer: ca. 1 bis 2 Minuten (und länger, solange es angenehm ist). Diese Übung kennt man auch im Hatha-Yoga unter dem Namen *„tadasana"*, was übersetzt etwa „Berghaltung" bedeutet.

- Stell Dich entspannt aufrecht hin. Die Füße sind ungefähr beckenbreit auseinander. Die Arme hängen locker an den Seiten.
- Atme ruhig und regelmäßig durch die Nase ein und aus.
- Spür Dich ganz in Deine Füße ein.
- Fühlst Du den Bodenkontakt unter Deinen Füßen?
- Wenn es Deiner Konzentration hilft, kannst Du die Augen schließen.
- Die Erde trägt Dich!
- Verteile Dein Gewicht gleichmäßig auf beide Füße.
- Die Knie sind nicht durchgedrückt, sondern locker!
- Wenn die Knie locker sind, dann kann sich auch der Bereich in den Hüften, das Becken, die Bauchdecke und die Gesäßmuskulatur entspannen.
- Der Rücken ist „entspannt aufrecht". Der Rücken wird vom Becken getragen. Stell Dir vor, der jeweils untere Wirbel trägt den nächst höheren.

- Auch die Schultern sind entspannt. Die Schultern können uns nicht tragen, sie werden getragen.
- Die Arme hängen locker an den Seiten. Die Handinnenflächen weisen zu den Oberschenkeln.
- Auch der Kopf ist gerade und aufgerichtet. Der oberste Scheitelpunkt weist zum Himmel.
- Der Atem bleibt ruhig und regelmäßig.
- Fühlst Du Dich ausgespannt zwischen Himmel und Erde, zwischen dem Bodenkontakt unter Deinen Füßen und dem obersten Punkt am Kopf?
- Vertrau der Erde, die uns alle trägt.
- Du stehst so ruhig und stabil wie ein „Berg".
- Wenn Du die Haltung auflösen möchtest, dann atme etwas tiefer ein und aus, öffne langsam die Augen und schüttle die Beine aus.

dig, um aufrecht und im Gleichgewicht zu stehen. Der Körper fühlt sich entspannt an. Wir können den festen Boden unter uns als Halt und Stütze genießen. Die „Berghaltung" eignet sich gut als „Ausgangshaltung" für weitere Übungen im Stand und zum „Nachspüren".

Bitte beachten:
Durch die Konzentration auf den Bodenkontakt der Füße und durch den aufrechten Stand wird die untere Körperhälfte (Füße, Beine, Beckenraum) vermehrt durchblutet. Personen mit zu niedrigem Blutdruck können auf diese Haltung mit Kreislaufbeschwerden (z.B. Schwindelgefühlen) reagieren. Sie sollten diese Haltung nur so lange ausführen, wie sie ihnen angenehm ist, und am besten dabei die Augen offen lassen.

Kommentar:
Es gibt mehrere Varianten der „Berghaltung" – *„tadasana"*. Die hier empfohlene ist eine „ökonomische" Körperhaltung. Wenn die Füße beckenbreit auseinander stehen und die Knie locker und flexibel sind, dann trägt der jeweils untere Körperbereich den nächst höheren. Von der Seite aus gesehen könnten wir eine gerade Linie von der Mitte des Fußgelenks, über die Mitte des Kniegelenks, über die Mitte des Hüftgelenks, über die Mitte des Schultergelenks und die Mitte des Ohrs zur Kopfmitte ziehen.[4] Auf diese Weise ist nur ein Minimum an Muskelanspannung, also ein Mindestmaß an Kraftaufwendung notwendig.

3. Übung: „Andreaskreuzdehnung"

Übungsdauer: ca. 1 bis 2 Minuten
- Stell Dich aufrecht hin.
- Die Füße sind etwa einen Meter weit auseinander.
- Die Hände/Arme nimmst Du v-förmig über den Kopf.

a)
- Einatmend dehnst Du nun den rechten Arm nach oben außen weg, ausatmend entspannst Du ihn wieder.
- Einatmend dehnst Du nun den linken Arm nach oben außen weg, ausatmend entspannst Du ihn wieder,
- dabei bleibst Du in der Andreaskreuzhaltung.

---

[4] Vgl.: Ron Kurtz/Hector Prestera, „Botschaften des Körpers", S. 44f.

b)
- Einatmend dehnst Du beide Beine (auf die Zehenspitzen gehen) nach unten außen weg, ausatmend entspannst Du wieder.

Die „Andreaskreuzdehnung"

c)
- Einatmend dehnst Du nun diagonal den rechten Arm und das linke Bein gleichzeitig nach außen weg, ausatmend entspannst Du wieder.

- Einatmend dehnst Du nun diagonal den linken Arm und das rechte Bein gleichzeitig nach außen weg, ausatmend entspannst Du wieder.

d)
- Einatmend dehnst Du gleichzeitig „alle Viere" nach außen weg, ausatmend entspannst Du wieder.

Wenn Du die Haltung auflösen willst:
- Ausatmend läßt Du Deine Arme/Hände langsam sinken.
- Du schließt die Augen und spürst in der „Berghaltung" nach.

Die *3. Übung* für jüngere ABC-Schützen:
Wir sind groß wie ein Riese. Die Kinder stellen sich beispielsweise vor, daß sie ein Riese sind, der nun abwechselnd seine Arme, Beine und „alle Viere" wachsen läßt.

Kommentar:
Diese Übung regt Herz und Kreislauf an. Wir erfahren eine starke Dehnung der Arme, Beine und der Seiten. Nach der Übung haben die Muskeln im Bereich der Oberarme, Nacken und Schultern ein starkes Bedürfnis, sich zu entspannen und loszulassen. Indem wir in der „Berghaltung" nachspüren, also „ökonomisch" stehen und „uns von der Erde tragen lassen", erlauben wir den Muskeln, sich zu entspannen. Diese Übung ist viel anstrengender (wenn man alle Varianten von a bis d nacheinander ausführt) als man auf den ersten Blick vermuten würde. Aus diesem Grund ist es wichtig, ganz „bei sich selbst zu sein". Man muß nicht alle Varianten nacheinander ausführen, sondern man kann

auch zwischendurch die Arme sinken lassen und nachspüren.

Bitte beachten:
Menschen mit einem zu hohen Blutdruck und/oder Herzbeschwerden sollten diese Übung nicht bzw. gemäß ihrer eigenen individuellen Belastungsgrenzen ausführen. Arzt und/oder Fachmann befragen.

4. Übung: „Das Kuhgesicht"

Übungsdauer: ca. 30 Sekunden
Diese Übung kommt aus dem Hatha-Yoga und heißt *„gomukhasana"*, was übersetzt „Kuhgesicht" bedeutet.

– Nimm eine entspannt aufrechte Körperhaltung ein.
– Hebe den rechten Arm über den Kopf und winkle ihn im Ellenbogen so an, daß Deine rechte Hand hinter dem Rücken nach unten weist.
– Nun hebe den linken Arm hinter dem Rücken hoch. Die rechte Hand umfaßt die linke Hand hinter dem Rücken.

– Schließe Deine Augen und spüre Dich in die Haltung ein. Wie fühlen sich Deine Schultern an?

– Atme ruhig und regelmäßig.
– Achte darauf, wie Du stehst! Sind die Knie lokker?
– Nach 5 bis 6 ruhigen Atemzügen (bei längerer Übungspraxis kannst Du auch länger in der Haltung verweilen) löst Du langsam die Haltung wieder auf, indem Du die Arme und Hände zurück an die Seiten sinken läßt.
– Spüre aufmerksam nach. Ein Arm fühlt sich nun möglicherweise etwas wärmer an als der andere.
– Wiederhole die Übung nun, indem der linke Arm oben und der rechte unten ist.

Kommentar:
Diese Haltung löst Verspannungen in den Schultern und Oberarmen. Der Brustraum wird befreit. Anfangs kann ein Strumpf oder ein Tuch, welches die obere Hand der unteren reicht, die „fehlenden Zentimeter", wenn sich Deine Hände hinter dem Rücken also noch nicht berühren, überbrücken.

5. Übung: „Die Halbmondhaltung"

Übungsdauer: je Beuge etwa 6 bis 8 Sekunden (je nach Übungspraxis)
Diese Übung ist eine Yogahaltung und heißt *„ardha-tschandrasana"*, was „Halbmondhaltung" bedeutet.

– Stell Dich entspannt aufrecht hin. Die Füße sind geschlossen. Die Arme hängen locker an den Seiten.
– Atme ruhig und regelmäßig durch die Nase ein und aus.

a) Seitbeuge:

- Einatmend nimmst Du nun die Hände über den Kopf, Daumen verhaken, ausatmend fühlst Du den Boden unter Deinen Füßen,
- einatmend dehnst Du Dich nach oben weg, beide Füße (auch die Fersen) halten den Bodenkontakt und ausatmend beugst Du Dich langsam nach rechts,
- ruhig und regelmäßig weiteratmen.

- Der Kopf bleibt zwischen den Oberarmen.
- Verharre einige ruhige Atemzüge in dieser Seitbeuge.
- Die eigenen Leistungsgrenzen nicht überschreiten.
- Einatmend richtest Du Dich wieder auf – und ausatmend beugst Du Dich nun langsam nach links.
- Wiederhole nun die Übung nach links.
- Einatmend richtest Du Dich langsam wieder auf, ausatmend läßt Du die Arme/Hände an die Seiten sinken und spürst mit geschlossenen Augen nach.
- Beim Nachspüren in die Seiten spüren, da hast Du gedehnt. Wie fühlen sich die Seiten an? Wie fühlen sich die Schultern und Arme an?

b) Rück- und Vorbeuge:

- Einatmend nimmst Du nun die Hände über den Kopf, Daumen verhaken, ausatmend fühlst Du den Boden unter deinen Füßen,
- einatmend dehnst Du Dich nach oben weg, die beiden ganzen Füße (auch die Fersen) behalten Bodenkontakt – und ausatmend beugst Du Dich langsam zurück, der Kopf bleibt zwischen den Oberarmen (Kopf nicht in den Nacken legen).

- Verharre einige ruhige Atemzüge in dieser Rückenbeuge.
- Die eigenen Leistungsgrenzen nicht überschreiten.
- Einatmend richtest Du Dich wieder auf, und ausatmend beugst Du Dich aus der Leiste heraus mit geradem Rücken nach vorne. Kein Leistungsdruck! Nicht die eigenen Leistungsgrenzen überschreiten. Es kommt nicht darauf an, wie nah Du mit Deiner Nase ans Knie kommst!
- Wenn Du Deine individuelle Dehngrenze erreicht hast, dann umfaßt Du mit beiden Händen Deine Knie, Waden oder Fußknöchel. Den Kopf läßt Du entspannt nach unten sinken.
- Die Knie sind locker, nicht durchgedrückt, aber auch nicht angewinkelt!

- Atme ruhig und regelmäßig.
- Wenn Du die Haltung wieder auflöst, dann richte Dich einatmend wieder auf, indem Du die Wirbelsäule von unten nach oben „hochrollst", die Hände gleiten die Beine empor, zuletzt hebst Du den Kopf.
- Im aufrechten Stand nachspüren.

Die *5. Übung* für jüngere Schüler:
Wir sind eine Blume, Schilf oder ein Baum (Tanne), die sich im Wind wiegen und langsam von einer Seite zur anderen neigen.

Kommentar:

Immer wenn wir uns nach einer Seite beugen, dann werden die gebeugte Seite und sämtliche auf dieser Seite befindlichen Bauchinnenorgane komprimiert, die andere Seite wird gedehnt. Auf diese Weise bewirkt die „Halbmondhaltung" eine regelrechte innere Massage der Bauchinnenorgane. Die inliegenden Organe und Drüsen werden durchblutet und in ihrer Funktion gestärkt. Die Muskulatur an Bauch, Seiten und Rücken wird wechselseitig gedehnt-entspannt und angespannt und gekräftigt. Die Körperhaltung wird verbessert, die Schultern entspannt, der Atem befreit.
In der Rückbeuge wird der Rücken im unterem Lendenwirbelsäulenbereich stark belastet. In der Vorbeuge werden Kopf und alle Sinnesorgane am Kopf vermehrt durchblutet und gestärkt, der Oberkörper ebenfalls.

Bitte beachten:

Menschen mit Erkrankungen der Wirbelsäule (z.B. Skoliose, LWS-Syndrom) sollten die Halbmondhaltung nicht bzw. nur sehr vorsichtig üben.
Für Menschen mit zu hohem Blutdruck, mit erhöhtem Augeninnendruck, mit einer Schilddrüsenüberfunktion oder Asthma ist eine starke Vorbeuge nicht anzuraten. Der Kopf sollte nie tiefer als das Becken sein! Arzt befragen.

6. Übung: „Der Brustexpander"

Übungsdauer: ca. 10 Sekunden

- Stell Dich aufrecht mit geschlossenen Füßen hin.
- Einatmend nimmst Du die Hände vor die Brust, Handinnenflächen weisen nach außen, die Fingerspitzen berühren sich – und
- ausatmend streckst Du die Hände nach vorne aus, die Fingerspitzen berühren sich noch immer.
- Einatmend führst Du die Hände und Arme über die Seite nach hinten. Du öffnest einatmend Deinen Brustkorb, schaffst Atemraum,
- ausatmend werden die Hände hinter dem Rücken verschränkt.
- Einatmend dehnst Du die Arme als „Brustexpander" nach hinten oben weg. Die Finger bleiben verschränkt, die Handrücken weisen nach außen.
- Atme ruhig und regelmäßig.
- Laß die Dehnung in den Schultern und Oberarmen zu.
- Bleibe 5 bis 6 ruhige Atemzüge im „Expander", dann senkst Du ausatmend die Arme und löst die Finger voneinander.

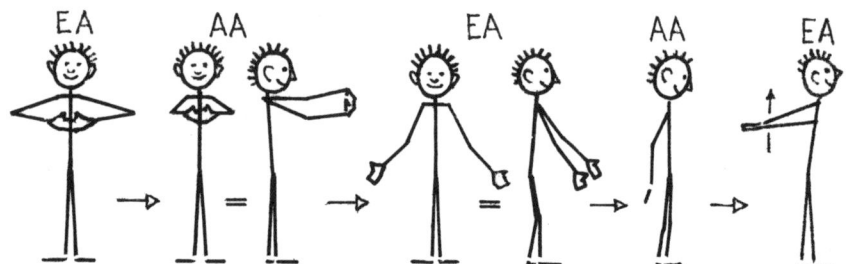

EA   AA   EA   AA   EA

– Schließe die Augen und spüre im aufrechten Stand nach, wie die Übung auf Dich wirkt.

Die *6. Übung* für jüngere Schüler:
Wir machen eine Art „Trockenschwimmübung".

Der „Brustexpander"

7. Übung: **„Der Brustexpander
            mit Rück- und Vorbeuge"**

Übungsdauer: ca. 6 bis 8 Sekunden je Beuge (je nach Übungspraxis)

– Nimm den „Brustexpander" wie oben ein.
– Verweile in dieser Haltung 2 bis 3 Atemzüge.

a)
– Ausatmend schiebst Du das Becken etwas nach vorn und beugst Dich zurück. „Brustexpander" halten.
– Ruhig und regelmäßig weiteratmen.
– Nicht die eigenen Grenzen überschreiten.
– Nach etwa 5 bis 6 Atemzügen einatmend wieder aufrichten und

b)
– ausatmend aus der Leiste heraus mit geradem Rücken nach vorn beugen.
– Ruhig und regelmäßig weiteratmen.
– „Brustexpander" halten.
– Nicht die eigenen Grenzen überschreiten, kein Leistungsdruck!
– Die Knie bleiben locker, sind jedoch nicht angewinkelt. Nicht wippen!
– Nach 5 bis 6 Atemzügen richtest Du Dich wieder einatmend auf,

– ausatmend senkst Du die Arme und löst die Finger voneinander.
– Schließe die Augen und spüre im aufrechten Stand nach, welche Wirkung diese Übung auf Dich hat. Achte beim Nachspüren darauf, daß Du Dich entspannt aufrecht hältst. Es wäre schade, wenn Du die „befreiende" Wirkung des Brustexpanders durch eine gebeugte Körperhaltung und einen dadurch beengten Brustkorb zunichte machst. Wie „befreit" ist Dein Atem jetzt?
– Du kannst die Übung noch 1- bis 2mal wiederholen.

Der „Brustexpander" mit Rückbeuge

Der „Brustexpander" mit Vorbeuge

Kommentar:

Diese Übung hat eine ausgezeichnete Wirkung auf die Körperhaltung, denn diese wird verbessert, die gesamte Rücken- und Bauchmuskulatur gedehnt, durchblutet und gekräftigt. Auch die Bauchinnenorgane werden komprimiert und erfahren so eine Art Bauchinnenmassage und verstärkte Durchblutung.

Wenn wir Angst haben oder sehr traurig sind, neigen wir dazu, die Schultern nach vorn zu ziehen. Es ist, als wollten wir unsere weiche Körpervorderseite und unser Herz schützen. Eine solche gebeugte Körperhaltung behindert natürlich den freien Atemfluß. Durch den „Brustexpander" mit der Rück- und Vorbeuge wird dieser Muskelpanzer aufgelöst. Die Brust fühlt sich nicht nur befreiter an, sie ist es auch. Wir können wieder befreit und erleichtert „aufatmen".

Bitte beachten:

Wenn Du in der „Rückbeuge" Spannungsgefühle im Hals spürst, solltest Du während der Übung den Mund öffnen. Du atmest weiterhin ruhig und regelmäßig durch die Nase. Ein solcher unangenehmer Druck im Hals kann ein Hinweis auf eine Schilddrüsenfehlfunktion sein. Du solltest es in jedem Fall von einem Arzt abklären lassen. Bei einer körperlichen Verfassung, in der eine verstärkte Durchblutung der Bauchinnenorgane und des Kopfraumes sowie eine derartige Beanspruchung der Wirbelsäule nicht erwünscht oder schmerzhaft ist, vor dem Üben einen Arzt oder Fachmann befragen.

8. Übung: „Die Dreieckshaltung"

Übungsdauer: ca. 6 bis 8 Sekunden je Beuge (je nach Übungspraxis)

Diese Seitbeuge kommt aus dem Hatha-Yoga und heißt *„trikonasana"*, was „Dreieckshaltung" bedeutet.

- Stell Dich aufrecht hin, die Füße sind ca. 1 Meter auseinander.
- Einatmend nimmst Du die Hände/Arme in Schulterhöhe,
- ausatmend spürst Du den Bodenkontakt unter Deinen Füßen,
- einatmend dehnst du die Finger/Hände/Arme nach außen weg und
- ausatmend beugst Du Dich nach rechts.
- Deine rechte Hand umfaßt das rechte Knie, der linke Arm liegt ausgestreckt auf dem linken Ohr, die Handfläche zeigt zum Boden. Du blickst entweder geradeaus nach vorn oder vor dem Arm hinauf zur Decke.
- Ruhig und regelmäßig atmen.
- Nach ca. 5 bis 6 Atemzügen richtest Du Dich einatmend mit seitwärts gestreckten Armen wieder auf, kommst in das „Achsenkreuz", und
- ausatmend läßt Du die Arme sinken, schließt die Füße und die Augen und spürst nach. Achte beim Nachspüren auf eine entspannt aufrechte Körperhaltung.
- Wiederhole die Übung anschließend nach der anderen Seite.

Die *8. Übung* für jüngere Schüler:
Wir sind ein „großer Baum mit breiten Wurzeln und Ästen". Und dieser Baum beugt sich im Wind, bis er sich tatsächlich mit seinen Ästen

(Arm/Hand) am Stamm (Bein/Knie/Wade) abstützt.

Die „Dreieckshaltung"

Kommentar:
Die Seitbeuge in der „Dreieckshaltung" hat dieselben therapeutischen Wirkungen wie die „Halbmondhaltung" (5. Übung). Sie ist allerdings für den unteren Rücken weniger belastend. Dennoch gelten auch hier dieselben Vorsichtsmaßnahmen wie bei der „Halbmondhaltung".

Körperübungen auf „allen Vieren"

9. Übung: „Die Hundhaltung"

Übungsdauer: ca. 10 Sekunden

– Die Ausgangshaltung ist die Vierfüßlerhaltung: Knie und Hände haben Bodenkontakt.
– Spanne die Zehen an, so daß Zehen und Fußballen nun ebenfalls den Boden berühren.

Die „Hundhaltung"

Ausatmend hebst Du das Gesäß an und streckst die Beine durch – wie ein Hund, der sich aufrichtet.

- Die ganzen Fußsohlen haben nun Bodenkontakt. Auch die Fersen berühren *im Idealfall* den Boden. Kein Leistungsdruck!
- Der höchste Punkt ist der Po. Atme ruhig und regelmäßig.
- Wenn Du die Haltung auflösen möchtest, so winkle beide Beine an und laß Dich in den aufrechten Fersensitz oder Schneidersitz nieder.
- Spüre in einer dieser Sitzhaltungen nach.

Kommentar:

In dieser Haltung werden die Rücken-, Gesäß- und hinteren Beinmuskeln gedehnt. Die Bauchinnenorgane werden komprimiert. Kopf und Oberkörper werden stark durchblutet. Die Handgelenke, Arme und Schultern werden trainiert und gekräftigt.

Beim Nachspüren ist es wichtig, dem Entspannungsbedürfnis von Handgelenken, Armen und Schultern zu entsprechen.

Bitte beachten:

Der starken Durchblutung im Kopf und im Oberkörper wegen ist diese Haltung für Asthmatiker, Menschen mit zu hohem Blutdruck, erhöhtem Augeninnendruck oder Schilddrüsenüberfunktion absolut nicht geeignet!

10. Übung: „Die Tigersprunghaltung"

Übungsdauer: ca. 10 Sekunden
Diese Übung kommt aus dem Hatha-Yoga. Ihr Name lautet *„prasarita-padottanasana",* was übersetzt etwa „ausgestreckte Haltung" heißt.

- Stell Dich aufrecht hin. Die Füße sind etwa einen Meter weit (jüngere Schüler) und weiter (größere Schüler) gegrätscht.
- Beuge Dich mit geradem Rücken nach vorn und setze beide Hände in Schulterbreite möglichst nahe Deiner Beine vor dir auf den Boden auf.
- Sieh nach vorne. „Der Tiger guckt sein Opfer an!"

- Atme ruhig und regelmäßig.
- Wenn Du Dein Gewicht etwas mehr auf die Arme verlagerst, minderst Du die Spannung in den Beininnenseiten.
- Wenn Du Dein Gewicht etwas mehr auf die Beine verlagerst, entlastest Du Handgelenke, Arme und Schultern.
- Wenn Du die Haltung auflösen möchtest, so winkle beide Beine an und laß Dich in den aufrechten Fersensitz oder Schneidersitz nieder.
- Spüre in einer dieser Sitzhaltungen nach.

Kommentar:

Die therapeutischen Wirkungen ähneln denen der „Hundhaltung" (9. Übung). Durch die Dehnung in den Beininnenseiten und Leisten werden die Organe der Becken- und Bauchregion verstärkt durchblutet und gekräftigt. Sie wirkt sich auch auf eine sehr schmale, unterentwickelte Hüfte (Hüftluxation) begünstigend aus.

Bitte beachten:

Der starken Durchblutung im Kopf und im Oberkörper wegen ist diese Haltung für Asthmatiker,

Menschen mit zu hohem Blutdruck, erhöhtem Augeninnendruck oder Schilddrüsenüberfunktion absolut nicht geeignet!
Menschen mit Problemen in den Knien oder mit Senkspreizfüßen sollten diese Übung ebenfalls nicht ausführen.

11. Übung: „Die Katzenreihe"

Übungsdauer: je nach Belastbarkeit völlig variabel

- Die Ausgangshaltung ist die Vierfüßlerhaltung – „Katzenhaltung".
- Das Körpergewicht wird gleichmäßig auf Hände und Knie verteilt.
- Die Hände sind schulterbreit und die Knie beckenbreit auseinander. Der Abstand zwischen den Händen und den Knien entspricht der Größe Deines Oberkörpers.
- Schau nach vorne und atme ruhig und regelmäßig.

a)
- Einatmend hebst Du nun das rechte Bein lang ausgestreckt nach hinten oben an. Versuche, das Bein mit jedem Einatem noch ein wenig höher anzuheben.

- Nach 5 bis 6 Atemzügen läßt Du ausatmend das rechte Bein wieder in die Ausgangsposition zurückkehren.

- Spüre in der „Katzenhaltung" kurz nach und wiederhole dann die Übung mit dem linken Bein.

b)
- Einatmend hebst Du nun das rechte Bein lang ausgestreckt nach hinten oben an.
- Mit dem nächsten Einatem hebst Du diagonal dazu den linken Arm an und streckst ihn nach vorne aus.

- Du befindest Dich nun in einer Gleichgewichtshaltung.
- Atme ruhig und regelmäßig.
- Nach 5 bis 6 Atemzügen läßt Du ausatmend erst den linken Arm und dann das rechte Bein wieder in die Ausgangsposition zurückkehren.
- Spüre in der „Katzenhaltung" kurz nach und wiederhole dann die Übung mit dem linken Bein und dem rechten Arm.

c)
- Gehe wie oben in die „Katzenhaltung" mit der Gleichgewichtshaltung (b) hinein. Nur, wenn Du Dich sicher im Gleichgewicht fühlst, setzt Du die Übung wie folgt fort:
- Ausatmend führst Du den linken Arm über die Seite nach hinten und umfaßt den rechten Fußknöchel.
- Atme ruhig und regelmäßig.
- Nach 5 bis 6 Atemzügen läßt Du ausatmend erst den linken Arm und dann das rechte Bein wieder in die Ausgangsposition zurückkehren.

Die „Katzenhaltung", Variante c)

– Spüre in der „Katzenhaltung" kurz nach und wiederhole dann die Übung mit dem linken Bein und dem rechten Arm.

Die *11. Übung* für jüngere Schüler:
Wir sind eine „Katze", die sich reckt und streckt und dehnt und ihre Krallen zeigt und Kunststücke kann (vgl. 11b und c). Natürlich kann es sich hierbei wahlweise auch um einen „Hund" handeln, der sich reckt und streckt, oder um einen „wilden Löwen".

Kommentar:
Diese „Katzenreihe" hat im allgemeinen eine positiv kräftigende Wirkung auf den Rücken, die Arme und Handgelenke. Verspannungen der Bauch- und Rückenmuskulatur werden gelöst. Die beiden schwierigeren Varianten b) und c) fördern zudem noch den Gleichgewichtssinn und das Konzentrationsvermögen.
Wenn du alle Varianten hintereinander ausführen möchtest, ist es ratsam, zwischendurch nicht in der „Katze", sondern in einer anderen Körperhaltung nachzuspüren, in der sich Rücken, Arme

und Handgelenke entspannen können. Das „zusammengerollte Blatt" (vgl. 13. Übung) ist eine geeignete Position hierfür.

Körperübungen im „Fersensitz" oder „Kniestand"

12. Übung: „Der aufrechte Fersensitz"

Übungsdauer: je nach Übung und Wohlbefinden bis zu mehreren Minuten lang
Diese Übung heißt im Hatha-Yoga *„vajrasana"*, was „Diamantsitz" bedeutet.

- Setz Dich auf Deine Unterschenkel und Fersen.
- Kopf und Rücken sind entspannt aufrecht.
- Die Hände ruhen auf den Knien.

- Wenn Du die Haltung auflösen willst, ist es sinnvoll, sich mit lang ausgestreckten Beinen hinzusetzen, und die Beine erst einmal auszuschütteln, um die Durchblutung wieder anzuregen.

Kommentar:
Diese Haltung eignet sich gut für die „Meditation" und für bestimmte Atemübungen. Da in dieser Sitzposition den Bauchinnen- und den Verdauungsorganen viel Raum geboten wird, fördert diese Haltung die Verdauung.

Bitte beachten:
Wenn Schmerzen in den Knien oder den Fußgelenken auftreten, sollte diese Übung nicht bzw. nur sehr langsam und vorsichtig geübt werden. Fachmann befragen!

13. Übung: „Das zusammengerollte Blatt"

Übungsdauer: 10 Sekunden bis eine halbe Minute, je nach Übungspraxis

- Die Ausgangshaltung ist der Fersensitz.
- Ausatmend beugst Du Dich nach vorne, bis Du mit der Stirn den Boden vor den Knien berührst.
- Die Hände ruhen hinten neben den Füßen.
- Achte darauf, daß Dein Gesäß auf den Fersen ruht und nicht in die Luft gestreckt ist.
- Atme ruhig und regelmäßig.
- Dein Rücken wird gedehnt und zugleich getragen. Wie fühlt sich das an?
- Dein Bauch atmet gegen einen Widerstand, gegen die Oberschenkel. Der Atem fließt in die Seiten. Wie fühlt sich das an?
- Diese Haltung bewirkt Ruhe und Sammlung.
- Verweile solange darin, wie sie Dir angenehm ist.
- Wenn Du die Haltung auflösen möchtest, so richte Dich langsam (Achtung Kreislauf!) einatmend auf.
- Spüre im aufrechten Fersensitz oder im Schneidersitz nach.

Variante:
- Wenn Du mit dem Gesäß nicht auf den Fersen ruhst, wenn also das Gesäß wesentlich höher ist als Kopf und Oberkörper;

37

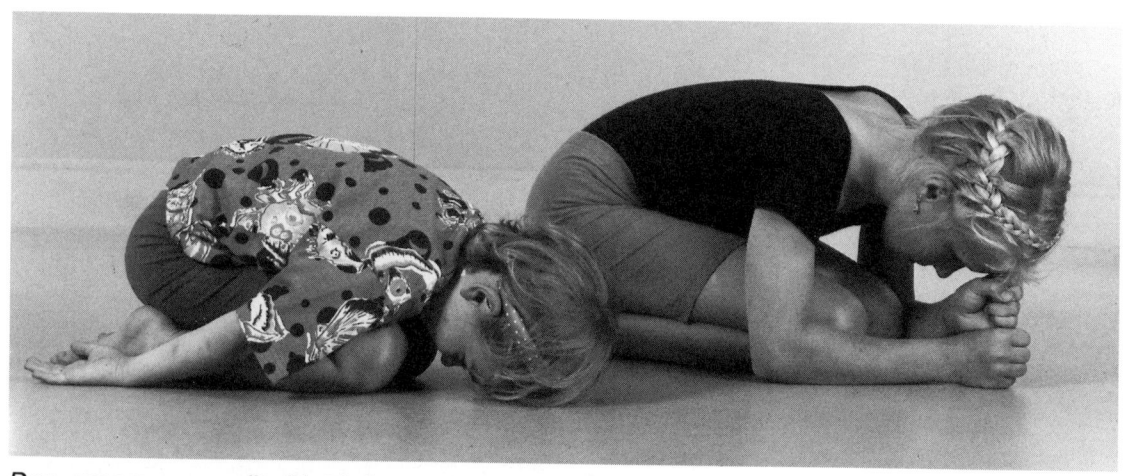

Das „zusammengerollte Blatt" ohne und mit „Fäusteturm"

– wenn Du unter erhöhtem Blutdruck, erhöhtem Augeninnendruck oder Schilddrüsenüberfunktion leidest, kannst Du mit Deinen beiden Fäusten vor den Knien einen Fäusteturm bilden und die Stirn obendrauf legen. Auf diese Weise lagerst Du Kopf und Oberkörper etwas höher.

Die *13. Übung* für jüngere Schüler:
Sie wird „logisch" in ihre „Bildgeschichte" eingebaut. So ist es „eine Katze, die schläft", oder „eine Raupe, die sich zusammenrollt", oder „ein kleiner zusammengerollter Igel".

Kommentar:
Diese Übung bewirkt eine Entlastung des Rückens, eine Massage der Bauchinnenorgane über den Atemvorgang und begünstigt Ruhe und Sammlung.

Bitte beachten:
Bei zu hohem Blutdruck, erhöhtem Augeninnendruck oder Schilddrüsenüberfunktion ist ein Arzt oder Fachmann zu befragen!

14. Übung: **„Zusammengerolltes Blatt mit Seitdehnung"**

Übungsdauer: ca. 1 bis 2 Minuten

– Die Ausgangshaltung ist die 13. Übung: „das zusammengerollte Blatt".
– Streck die Hände und Arme weit nach vorne aus.

– Und nun „krabbelst" Du mit Deinen Händen langsam nach rechts.

- Der Kopf bleibt zwischen den Oberarmen.
- Atme ruhig und regelmäßig.
- Spür die Dehnung in der linken Seite!
- Verweile 5 bis 10 Atemzüge in dieser Haltung,
- dann krabbelst Du mit den Händen wieder zur Mitte zurück.
- Wiederhole die Übung nach der linken Seite.
- Spüre anschließend im aufrechten Fersensitz nach.

Kommentar:
Diese Übung bewirkt eine Entlastung des Rükkens, eine Massage der Bauchinnenorgane über den Atemvorgang und begünstigt Ruhe und Sammlung. Die Seiten werden gedehnt, auch die Schultern werden von Verspannungen befreit.

Bitte beachten:
Bei zu hohem Blutdruck, erhöhtem Augeninnendruck und Schilddrüsenüberfunktion ist ein Arzt oder Fachmann zu befragen!

15. Übung: „Drehhaltung im aufrechten Kniestand"

Übungsdauer: nach jeder Seite je 10 bis 30 Sekunden

- Ausgangshaltung ist der aufrechte Kniestand.
- Knie sind beckenbreit auseinander. Die Arme und Hände hängen locker an den Seiten.
- Einatmend hebst Du die Hände bis in Schulterhöhe hoch, Handinnenflächen weisen nach unten – und ausatmend drehst Du Dich nach rechts.

- Dein Blick ruht auf dem rechten Handrücken.
- Ruhig und regelmäßig atmend in der Haltung verweilen.
- Einatmend kehrst Du wieder zur Mitte zurück – und ausatmend wiederholst Du die Übung noch einmal nach der anderen Seite.
- Anschließend im aufrechten Fersensitz oder Schneidersitz nachspüren.

Die *15. Übung* mit jüngeren Schülern:
Wir sind ein „Segel" oder ein „Wetterkreuz", das sich im Wind dreht.

Kommentar:
Diese Haltung löst Verspannungen im Hals-, Nacken- und Schulterbereich auf. Die Muskulatur von Schultern und Armen wird gekräftigt, die Seiten werden gedehnt. Der Brustkorb wird befreit, was eine vertiefte Atmung bewirkt. Durch die Dehnung werden die Seiten gedehnt, die Bauchinnenorgane werden wechselseitig massiert und angeregt.

Körperübungen im „aufrechten Sitz"

Wie es bestimmte Kriterien zur „entspannt aufrechten Körperhaltung" im Stand gibt, gibt es diese auch für die „entspannt aufrechte" Sitzhaltung.

16. Übung: **„Wahrnehmungsübung im aufrechten Sitz – auf einem Stuhl"**

Übungsdauer: 5 Minuten und mehr, solange die Übung angenehm ist. Wähle Dir hierfür einen Stuhl, dessen Sitzhöhe Deiner individuellen Körpergröße entspricht.

- Setz Dich auf den Stuhl.
- Beide Füße stehen nebeneinander und haben mit der ganzen Fußsohle Bodenkontakt.
- Die Wirbelsäule ist entspannt aufrecht. Wir neigen beim Sitzen dazu, das Becken etwas nach hinten zu kippen, als wollten wir auf dem Steißbein sitzen.
- Probiere zunächst einmal folgendes aus: Laß Dein Becken ganz langsam nach hinten wegkippen und beobachte, wie sich die Haltung des Beckens auf die Haltung des Rückens auswirkt. – Nun richtest Du das Becken übertrieben auf und beobachtest wieder die Auswirkung auf den Rücken. Wenn Du das Becken nach hinten sinken läßt, dann wird Dein Rücken rund. Wenn Du das Becken übertrieben aufrichtest, dann entwickelst Du einen übertrieben geraden Rücken. Richtig ist die „goldene Mitte": ein entspannt aufrechtes Becken, welches den Rücken trägt.
- Die Sitzhaltung ist jetzt „entspannt aufrecht".
- Auch der Kopf ist gerade, und die Schultern sind entspannt. Die Hände ruhen locker auf den Oberschenkeln oder als Handschalen im Schoß.
- Atme ruhig und regelmäßig und schließe die Augen.
- Spür Dich ganz in diese Haltung ein.

- Fühle den Boden unter Deinen Füßen und unter dem Gesäß (Sitzfläche des Stuhls).
- Vertrau Dich dem festen Halt unter Dir an.
- Du wirst getragen.
- Stell Dir Deine Wirbelsäule wie Bausteine vor. Das Becken ist die Basis, und der jeweils untere Baustein (Wirbelkörper) trägt den nächst höheren.
- Auch die Schultern werden getragen. Sie können uns nicht tragen. Rücken und Kopf bleiben entspannt aufrecht.

Kommentar:

Wieviele Schüler haben einen Stuhl in ihrer Klasse oder bei den Schulaufgaben zu Hause, der ihrer Körpergröße entspricht? Zu niedrige Stühle verleiten zu einer Sitzhaltung mit gebeugtem Rücken, was die Atemtätigkeit und Herz-Kreislauffunktion beeinträchtigt. Außerdem wird auch der Bauchraum eingeengt, was zu einer mangelhaften Durchblutung der Bauchinnenorgane führt. Bei zu hohen Stühlen liegen die Oberschenkel zu fest auf der Sitzfläche auf. Die Durchblutung und vor allem der venöse Rückfluß in den Beinen wird beeinträchtigt. Die Füße haben keinen oder nur mangelhaften Bodenkontakt.

Umgekehrt fördert eine der individuellen Körpergröße angepaßte Sitzgelegenheit eine entspannt aufrechte Körperhaltung im Sitzen. Der fest „gefühlte" Bodenkontakt unter den Füßen verleiht das Gefühl von Sicherheit und Realitätsnähe (vgl. Teil II, Kap. III).

Diese Übung läßt sich sehr leicht als „Pause" im Unterricht oder während der Hausaufgaben integrieren.
Diese „Wahrnehmungsübung" läßt sich auch gut in einer der „natürlichen" Sitzhaltungen auf dem Boden ausführen. Sie erinnert uns an die Wichtigkeit eines aufgerichteten Beckens und macht uns die „Sitzhöcker", auf denen wir sitzen sollten, bewußt.

Folgende „Vorübungen" haben eine ähnlich vorbereitende Qualität:

17. Übung: „Der Hüftgang"

Übungsdauer: ca. 2 Minuten

– Setz Dich mit lang ausgestreckten Beinen auf den Boden.
– Und nun marschierst Du auf den Gesäßbakken zuerst etwa 1 bis 2 Meter nach vorn, und dann wieder zurück.

– Spüre anschließend nach.

Kommentar:
Das, was Du im Gesäßbereich am stärksten spürst, sind die sogenannten „Sitzhöcker". Auf ihnen sollten wir sitzen, und nicht weiter hinten auf dem Steißbein!

18. Übung: „Die Babywiege"

Übungsdauer: jede Seite ca. eine halbe Minute

– Setz Dich mit lang ausgestreckten, leicht gegrätschten Beinen auf die Erde.

a)
– Und nun winkle das rechte Bein an und umfasse mit beiden Händen das rechte Fußgelenk. Schüttle den rechten Fuß aus.

b)
– Jetzt legst Du den rechten Fuß in Deine linke Armbeuge. Mit dem rechten Arm umfaßt Du Dein rechtes angewinkeltes Knie so, daß Du die Finger beider Hände verschränken kannst.
Und nun „schaukelst Du Dein Baby"! – Dein rechtes Bein.

c)
– Du kannst im Anschluß an die Übungen a) und b) auch versuchen, ob Du Dein rechtes Knie unter Deine rechte Achselhöhle klemmen kannst.
– Wiederhole die Übung auch nach der anderen Seite.
– Spüre in einer „entspannt aufrechten Sitzhaltung" nach.

Kommentar:

Die „Babywiege" lockert und erwärmt insbesondere die Muskulatur in den Leisten, in den Oberschenkelinnenseiten, an den Knien und der Fußgelenke. Auf diese Weise werden alle Gelenke und beteiligten Muskeln optimal auf eine natürliche Sitzhaltung auf dem Boden vorbereitet.

19. Übung: „Der Schneidersitz"

Übungsdauer: 5 Minuten und mehr, solange die Übung angenehm ist

– Setz Dich mit überkreuzten Unterschenkeln auf den Boden.
– Becken und Rücken sind entspannt aufrecht.
– Die Hände ruhen entweder auf den Knien oder als Handschalen im Schoß.
– Atme ruhig und regelmäßig und schließe die Augen.
– Fühle den lebendigen Bodenkontakt unter Deinen Füßen, Beinen und unter dem Gesäß.
– Achte darauf, daß Du mit einem aufgerichteten Becken auf den Sitzhöckern sitzt (vgl. 17. Übung „Der Hüftgang") und nicht im Bereich des unteren Steißbeins (vgl. 16. Übung „Wahrnehmungsübung").
– Die Erde trägt Dich.

Kommentar:

Der „Schneidersitz" ist wohl die bei uns geläufigste Form des natürlichen Sitzens auf dem Boden. Im Hatha-Yoga wird diese Sitzhaltung mit „sukhasana" bezeichnet, was wörtlich übersetzt „der angenehme Sitz" heißt. Allerdings sind viele Menschen das natürliche Sitzen auf der Erde nicht mehr gewohnt, sodaß es eher als unangenehm und unbequem empfunden wird. Wir haben es im Laufe der Zeit ganz einfach verlernt, so zu sitzen. Aber wir können es wieder erlernen. Und es lohnt sich! In Anbetracht dessen, daß die Natur unseren gesamten Organismus eigentlich so konzipiert hat, daß wir eine natürliche Sitzhaltung auf dem Boden einnehmen können und sollen, wird deutlich, welche gesundheitlichen Vorteile sich für uns daraus ergeben. Frauenärzte und Internisten empfehlen diese und die nächste („einfacher Sitz") natürliche Sitzhaltung, weil dadurch eine verstärkte Durchblutung des Bauchraums und eine damit verbundene Stärkung der Bauchinnenorgane begünstigt wird.

20. Übung: „Einfacher Sitz"

Übungsdauer: solange die Übung angenehm ist
Im Hatha-Yoga wird diese Sitzhaltung mit „siddhasana" bezeichnet, was übersetzt „vollkommener Sitz" heißt.

– Setz Dich auf den Boden.
– Die Beine werden lang ausgestreckt und etwas gespreizt.
– Dann winkelst Du das rechte Bein an und legst die Fußsohle des rechten Fußes gegen die linke Oberschenkelinnenseite. Der Fuß wird dabei leicht gedreht, sodaß die Fußsohle auch etwas nach oben weist.
– Dann winkelst Du das linke Bein an und legst den linken Fuß mit der Fußaußenkante zwischen Wade und Oberschenkel des rechten Beines. Auch hier ist der Fuß etwas gedreht, sodaß die Fußsohle etwas nach oben weist.
– Beide Knie haben Bodenkontakt.

„Schneidersitz" und „einfacher Sitz" rechts

– Das Becken ruht auf den „Sitzhöckern".
– Die Oberschenkel sind recht weit gespreizt.
– Becken und Rücken sind entspannt aufrecht.
– Auch der Kopf wird entspannt aufrecht gehalten.
– Atme ruhig und regelmäßig durch die Nase ein und aus.
– Die Hände ruhen entweder auf den Knien oder als Handschalen im Schoß.
– Schließe die Augen und erfahre Dich in dieser aufrechten natürlichen Sitzhaltung.

– Wenn Du bei dieser Sitzhaltung in den Knien oder Fußgelenken Schmerzen empfindest, dann löse die Haltung bitte sofort wieder auf! Beine ausschütteln.
– Die Sitzhaltung nun mit „Beinwechsel" (linker Fuß unten und rechter Fuß oben) wiederholen.
– Beim Nachspüren: Nach welcher Seite fiel Dir der „einfache Sitz" leichter?

Kommentar:

Der „einfache Sitz" ist schon eine etwas anspruchsvollere Sitzhaltung. Sie ist zur Meditation sehr gut geeignet, vorausgesetzt, man kann diesen Sitz gut und bequem einnehmen. Da er auch die Durchblutung und Kräftigung der Bauchinnenorgane fördert, hat er denselben therapeutischen Wert wie der „Schneidersitz".

Ein weiterer therapeutischer Wert dieser Sitzhaltung ergibt sich aus der Dehnung der Oberschenkelinnenseiten. Durch diese Dehnung wird auch die Entwicklung der Hüfte und des Beckenraums gefördert. (Kindern mit einer Hüftluxation verschreibt man aus diesem Grund eine sogenannte „Spreizhose"!) Aus meiner Erfahrung im Bereich der „Geburtsvorbereitung" weiß ich, daß es einen reflektorischen Bezug zwischen „Mund und Muttermund" und „Kiefer- und Beckenmuskulatur" gibt. Aus diesem Grund lernen werdende Mütter, daß es sinnvoll ist, während der Geburt auf eine entspannte Gesichtsmuskulatur zu achten. Ich kenne eine sehr engagierte Zahnärztin, die aufgrund dieser reflektorischen Beziehung zwischen „Kiefer- und Beckenraum" körperliche Übungen empfiehlt, die besonders den Beckenbereich, die Leisten und die Oberschenkelinnenseiten dehnen (vgl. 10. Übung: „Die Tigersprunghaltung", 23. Übung: „Der Schustersitz", 24. Übung: „Der Stern", 25. Übung: „Vorbeuge in der Grätsche"). Sie empfiehlt diese Übungen für solche Kinder, deren Kieferentwicklung mit der Größe ihrer Zähne nicht oder nur schlecht Schritt hält. Besonders für Kinder im Zahnwechsel – Schulanfänger! – sind also diese Sitzhaltungen sehr wertvoll.

Um diese Haltung bequem einnehmen zu können, bedarf es einer gewissen Beweglichkeit der Fuß- und Kniegelenke und eine Dehnfähigkeit vor allem in den Beininnenseiten. Wenn Knie- oder Fußgelenke bei dieser Haltung schmerzen, dann sollte sie sofort aufgelöst werden. Man sollte und kann den Körper und die Gelenke langsam und vorsichtig auf das natürliche Sitzen auf dem Boden einstimmen. Indem man sich auf ein oder mehrere Kissen setzt, wird das Becken etwas erhöht, und die Knie- und Fußgelenke werden entlastet. Ich hatte schon Kursteilnehmer, die sich anfangs auf einen regelrechten „Kissenturm" setzten. In einem langsamen, kontinuierlichen Prozeß (der je nach Alter und Beweglichkeit Jahre dauern kann!) wird dieser Turm in Einklang mit der eigenen zunehmenden Beweglichkeit nach und nach abgebaut. Aber, wie wir bereits gesehen haben, es lohnt sich, an dieser Sitzhaltung zu arbeiten.

In einer Variante des „einfachen Sitzes" werden die Füße voreinander statt auf die Unterschenkel gelegt.

Bitte beachten:

Menschen mit Störungen des venösen Rückflusses sollten diese Haltungen (also im „Schneidersitz" und im „einfachen Sitz") *immer* auf einem oder mehreren Kissen sitzend üben, damit der Beckenboden und die Knie etwa in gleicher Höhe sind. Wenn die Knie viel höher sind als das Becken, was häufig bei Anfängern der Fall ist, wird u.U. die Bildung von Hämorrhoiden (Hämorrhoiden sind auch Krampfadern!) begünstigt. Bei Gelenkerkrankungen kann nur ein Fachmann individuell entscheiden, ob und welche Sitzhaltung erarbeitet werden sollte.

Einfache Lockerungsübungen im „entspannt aufrechten Sitz"

21. Übung: „Dehnübung für Hals und Nacken"

Übungsdauer: insgesamt ca. 3 bis 5 Minuten

- Du sitzt entspannt aufrecht, der Kopf ist ebenfalls aufrecht, der Blick ist nach vorne gerichtet.
- Atme ruhig und regelmäßig und spüre Dich in den Hals-, Nacken-, Schulterbereich ein.
- Wo spürst Du Verspannungen?

a)
- Und nun schaust Du ausatmend über die rechte Schulter. Halte den Kopf in dieser Position und atme 4- bis 6mal ruhig und regelmäßig ein und aus.
- Mit dem nächsten Einatem nimmst Du den Kopf wieder nach vorne und schaust geradeaus.
- Und nun wendest Du ausatmend den Kopf nach links. Verweile ruhig und regelmäßig atmend (4- bis 6mal) in dieser Haltung.
- Mit dem nächsten Einatem nimmst Du den Kopf wieder nach vorne und schaust geradeaus.
- Wiederhole die Übung noch einmal nach rechts und noch einmal nach links.
- Anschließend spürst Du mit geschlossenen Augen nach.

 a)  b)

b)
- Und nun neigst Du ausatmend den Kopf nach rechts, so, als wolltest Du Dein rechtes Ohr auf die rechte Schulter legen. Gehe sehr sanft mit Dir um. Atme ruhig und regelmäßig weiter, verweile etwa 4 bis 6 Atemzüge lang in dieser Position.
- Einatmend hebst Du den Kopf wieder an.
- Ausatmend wiederholst Du die Übung nach der anderen Seite.
- Einatmend hebst Du den Kopf wieder an und spürst nach.
- Wiederhole die Übung noch einmal nach rechts und noch einmal nach links.
- Anschließend spürst Du wieder mit geschlossenen Augen nach.

c)
- Und nun neigst Du ausatmend den Kopf nach vorn. Spüre Dich in den gedehnten Nacken ein. Atme ruhig und regelmäßig und verweile etwa 4 bis 6 Atemzüge in dieser Haltung. Achte darauf, daß Du nur den Kopf nach vorne senkst. Dein Rücken ist und bleibt entspannt aufrecht.

c)

vor — — zurück

- Einatmend hebst Du den Kopf wieder an.
- Ausatmend legst Du den Kopf in den Nacken. Bei Spannungen im Hals Mund öffnen. Ruhig und regelmäßig weiteratmen.
- Mit dem nächsten Einatem hebst Du den Kopf wieder an, schließt die Augen und spürst nach.
- Du kannst die Übung noch einmal nach vorn und zurück wiederholen.

- Anschließend spürst Du wieder mit geschlossenen Augen nach.
- Wie fühlen sich Hals, Nacken und Schultern jetzt an?

22. Übung: „Lockerungsübung für die Schultern"

- Du sitzt entspannt aufrecht, der Kopf ist ebenfalls aufrecht, der Blick ist nach vorne gerichtet.
- Atme ruhig und regelmäßig und spüre Dich in den Hals-, Nacken-, Schulterbereich ein.
- Wo spürst Du Verspannungen?
- Und nun ziehst Du mit dem nächsten Einatem die Schultern langsam hoch – Richtung Ohren, und
- ausatmend läßt Du sie wieder los.
- Noch einmal: einatmend die Schultern hochziehen und ausatmend wieder sinken lassen.
- Wiederhole die Übung 3- bis 4mal.
- Anschließend bleibst Du noch aufrecht und entspannt sitzen und spürst nach.

Kommentar zu den Übungen 21 und 22:

Die o.g. Übungen können sowohl „am Schreibtisch", also auf einem Stuhl sitzend, als auch in einer entspannten aufrechten Sitzhaltung auf dem Boden ausgeführt werden. Sie helfen, Muskelverspannungen im Kopf-, Hals-, Nacken-, Schulterbereich abzubauen. Der gesamte Bereich wird belebt und durchblutet. Sie wirken körperlich und psychisch befreiend.

Bitte beachten:

Bei einer Funktionsstörung der Schilddrüse solltest Du Spannungen im Hals, wie sie zum Beispiel entstehen, wenn Du den Kopf in den Nakken legst (vgl. Übung 21) vermeiden. In einem solchen Fall ist es vernünftiger, zuerst einen Arzt oder Fachmann zu fragen, bevor Du diese Übungen probierst. Das gleiche gilt auch bei einer Erkrankung der Halswirbelsäule.

23. Übung: „Der Schustersitz"

Übungsdauer: anfangs max. 30 Sekunden, bei zunehmender Übungspraxis und Beweglichkeit so lange, wie die Haltung angenehm ist
Diese Haltung kommt aus dem Hatha-Yoga. Sie heißt *baddhakonasana*", was übersetzt etwa der „gebundene, begrenzte Sitz" bedeutet.

- Setz Dich auf den Boden.
- Die Beine werden lang ausgestreckt und etwas gespreizt.
- Und nun winkle beide Beine an und lege die Fußsohlen aneinander.
- Umfasse mit beiden Händen die Zehen und ziehe die Füße so nah wie möglich an den Damm heran.

- Die Knie fallen locker nach außen.
- Und nun schließe die Augen und spüre Dich ganz in die Haltung ein.

a)
- Ist Dein Gesicht freundlich und entspannt?
- Es gibt eine reflektorische Beziehung zwischen der Kiefermuskulatur und dem Bereich des Beckens. Ein entspanntes Gesicht begünstigt diese Sitzhaltung.

b)
- Und nun spüre Dich in Deine Schultern ein. Wie fühlen sie sich an? Fühlen sich beide Seiten gleich an, oder hast Du das Gefühl, daß sich die eine leichter in die Haltung hineinführen läßt als die andere? In welcher Seite spürst Du stärkere Widerstände? Welche Seite fühlt sich härter und verspannter an?
- Wenn Du die verspanntere Schulterseite identifiziert hast, dann wandere mit Deinem Bewußtsein diese Körperseite hinunter. Setzt sich die Verspannung fort? Fühlt sich auch dieselbe Gesäß-, Leisten- und Beinseite verspannter an als die andere?

c)
- Und nun gehe mit dem Bewußtsein in die Leisten und Oberschenkelinnenseiten hinein. Atme dahin, wo Du die Dehnung am meisten spürst. Schick den Ausatem in die Bereiche, die sich entspannen sollen.
- Mit jedem Ausatem läßt Du mehr los. Mit jedem Ausatem bewegen sich Deine Knie etwas mehr dem Boden zu. Betonung auf „lassen" – nicht wollen!
- Wenn Deine Knie sich ganz minimal auf den Boden zubewegen, ist das schon ein Erfolg. Darum habe Geduld mit Dir!
- Im Idealfall ruhen beide Knie auf dem Boden.
- Wenn Du die Haltung auflösen möchtest, umfasse mit beiden Händen die Knie. Schließe die Knie mit der Kraft Deiner Arme, schlinge die Arme drumherum und lege Deine Stirn obendrauf.

- Diese Haltung nennt man auch „Rundsitzhaltung".
- Spüre in dieser Haltung in Deinen Bauch, in Dein Becken und die Leisten hinein. Hier wurde besonders gedehnt und durchblutet. Nun wird hier komprimiert. Der Bauch atmet gegen einen Widerstand: gegen die Oberschenkelinnenseiten. Der Atem fließt in die Seiten.
- Wie fühlt sich das an?
- Du kannst Dich zum Nachspüren auch in die Rückenlage begeben.

Die *23. Übung* mit jüngeren Schülern:
Sie wird dynamischer geübt: Die Bildvorstellung eines Schmetterlings, der über eine Wiese fliegt („mit den Knien wippen"), seine Flügel in der Sonne ausbreitet („Knie langsam nach unten sinken lassen") und seine Flügel zusammenklappt („Rundsitz"), bietet sich geradezu an. Um die Aufmerksamkeit der Kinder immer wieder auf sich selbst zu lenken, kann man sie auch fragen: „Welche Farbe hat Dein Schmetterling?".

Kommentar:
Diese Übung hat alle therapeutischen Wirkungen wie die 19. Übung: „Der Schneidersitz" und die 20. Übung: „Einfacher Sitz".

Bitte beachten:
Wenn bei Erkrankungen oder Funktionsstörungen der Organe im Bauchraum eine stärkere Durchblutung nicht erwünscht ist, sollte diese Übung nicht durchgeführt werden.

24. Übung: „Der Stern"

Übungsdauer: anfangs max. 10 bis 20 Sekunden, bei zunehmender Übungspraxis und Beweglichkeit so lange, wie die Haltung angenehm ist
Diese Haltung wird aus der 23. Übung: „Der Schustersitz" entwickelt.

- Die Ausgangshaltung ist der Schustersitz.
- Spüre Dich zunächst in diese Sitzhaltung ein.
- Und nun neigst Du ausatmend den Oberkörper langsam nach vorn.
- Kein Leistungsdruck! Achte darauf, daß Du Deine eigenen Leistungsgrenzen nicht überschreitest. Neige Dich nur so weit nach vorn, wie es Dir Deine momentane Beweglichkeit und Dehnfähigkeit erlauben.
- Du kannst den Ausatem als Entspannungshilfe einsetzen.
- Schicke den „langen entspannenden Ausatem" in die Bereiche Deines Körpers, in denen Du die Dehnung am stärksten spürst.
- Atme ruhig und regelmäßig.

Der „Stern"

- Gib nach und arbeite mit der Schwerkraft und nicht gegen Deine Muskelverspannungen.
- Entspanne Dich und laß Deinen Oberkörper nach vorn sinken.
- Betonung auf „lassen", nicht „wollen"!
- Verweile 5 bis 10 Atemzüge (gesunde, geübte Kinder können durchaus eine Minute in dieser Position bleiben) im „Stern".
- Im Idealfall berührst Du mit Deiner Stirn den Boden vor Deinen Zehen.
- Wenn Du die Haltung wieder auflösen möchtest, dann richtest Du Dich zunächst einatmend auf.
- Verweile kurz in dieser Haltung („Schustersitz").
- Dann umfaßt Du mit beiden Händen die Knie und schließt die Knie mit der Kraft Deiner Arme; schlinge die Arme drumherum und lege Deine Stirn obendrauf („Rundsitzhaltung").
- Spüre in dieser Haltung in Deinen Bauch, in Dein Becken und die Leisten hinein. Hier wurde besonders gedehnt und durchblutet. Nun wird hier komprimiert. Der Bauch atmet gegen einen Widerstand: gegen die Oberschenkelinnenseiten. Der Atem fließt in die Seiten.
- Wie fühlt sich das an?
- Du kannst Dich zum Nachspüren auch in die Rückenlage begeben.
- Du kannst die Übung auch noch einmal wiederholen.

Die *24. Übung* mit jüngeren Schülern:
Diese Bildvorstellung „Stern" reicht im allgemeinen aus, um sie für diese Haltung zu begeistern. Da manche Kinder hier besonders dazu neigen, die Luft anzuhalten, ist der Zusatz „wir atmen ruhig und regelmäßig weiter" sehr wichtig.

Kommentar:
Diese Übung weist alle therapeutischen Wirkungen wie die 23. Übung: „Der Schustersitz" auf. Durch die Vorbeuge entsteht eine stärkere Dehnung der Oberschenkelinnenseiten und Leisten.

Bitte beachten:
Siehe 23. Übung „Der Schustersitz".

25. Übung: **„Vorbeuge in der Grätsche"**

Übungsdauer: wenige Sekunden (10 Sek.) bis 1 Minute, je nach Übungspraxis

- Setz Dich auf den Boden.
- Die Beine sind lang ausgestreckt und weit gegrätscht.
- Und nun setzt Du beide Hände (Handflächen) vor Dir (zwischen den Beinen) auf den Boden auf.
- Spür Dich in diese Sitzhaltung ein.
- Spür den lebendigen Bodenkontakt unter Dir: unter Deinem Gesäß, Deinen Beinen und Fersen und unter Deinen Händen.
- Und nun „krabbeln" Deine Hände etwas weiter nach vorne. Dabei mußt Du Dich etwas vorneigen.

- Achte auf Dein Gesicht! Ist Dein Gesicht entspannt?

- Achte auf Deinen Atem! Ist Dein Atem ruhig und regelmäßig?
- Achte auf Deine Schultern und Arme! Sind die Schultern entspannt? Wenn Du die Arme in der Armbeuge leicht angewinkelt läßt, können sich die Schultern entspannen.
- Gib ausatmend nach, arbeite mit der Schwerkraft und nicht gegen Deine Muskelverspannungen.
- Entspanne Dich und laß Deinen Oberkörper langsam nach vorn sinken.
- Betonung auf „lassen", nicht „wollen".
- Verweile 5 bis 10 Atemzüge (gesunde Geübte können durchaus eine Minute in dieser Position bleiben) in dieser Haltung.
- Im Idealfall berührst Du mit Gesicht und Brust den Boden.
- Achte darauf, daß Du Deine eigenen Leistungsgrenzen nicht überschreitest!
- Wenn Du die Haltung auflösen möchtest, so richte Dich einatmend langsam auf. Schließe die Beine und lehne Dich leicht zurück, indem Du Dich entweder mit den Händen oder den Unterarmen aufstützt. Schaffe Raum für den Bauch und die Körpervorderseite und spüre aufmerksam nach.
- Wie fühlt sich Dein Körper jetzt an? Wie fühlt sich die Bauch-Beckenregion nun an?
- Du kannst die Übung auch noch einmal wiederholen.

Die *25. Übung* mit jüngeren Schülern:
„Wie weit können Eure Hände nach vorn krabbeln?" Um das herauszufinden, begeben sich Kinder gern in die Vorbeuge hinein. Auch hier ist wieder besonders darauf zu achten, daß sie nicht die Luft anhalten. „Atmet ruhig und regelmäßig weiter!"

Kommentar:
In dieser Haltung werden die Oberschenkelinnenseiten und Leisten gedehnt. Die Organe im Bauch und im Beckenbereich werden auf diese Weise vermehrt durchblutet und gestärkt.
Diese Übung weist alle therapeutischen Wirkungen wie die 23. Übung: „Der Schustersitz" und die 24. Übung „Der Stern" auf. Durch die Vorbeuge entsteht eine stärkere Dehnung der Oberschenkelinnenseiten und Leisten.

Bitte beachten:
Siehe 23. und 24. Übung.

26. Übung: „Der Kniekuß"

Übungsdauer: 20 Sekunden bis 1 bis 2 Minuten, je nach Übungspraxis
Diese Übung heißt im Hatha-Yoga *„paschimottanasana"*. *„Paschima"* bedeutet „Westen", womit symbolisch der „Rücken" gemeint ist.

a)
- Nimm eine aufrecht entspannte Sitzhaltung auf dem Boden ein. Die Beine sind lang ausgestreckt und liegen dicht nebeneinander („Langsitz").
- Einatmend nimmst Du die Hände über den Kopf, Daumen verhaken.
- Dann atmest Du tief aus.
- Mit dem nächsten Einatem dehnst Du Dich nach oben und richtest das Becken auf – und
- ausatmend beugst Du Dich aus der Leiste heraus nach vorn.
- Beuge Dich mit einem natürlich geraden Rücken nach vorn und umfasse mit beiden Hän-

den Deine Beine entweder an den Knien oder an den Waden, den Fußknöcheln oder Füßen.

– Achte darauf, daß Du die Knie zwar nicht anwinkelst, aber auch nicht übertrieben durchdrückst. Die Knie bleiben locker.
– Atme ruhig und regelmäßig weiter.

– Es kommt nicht darauf an, daß Du mit dem Kopf so nah wie möglich an das Knie kommst. Kein Leistungsdruck!
– Es kommt darauf an, daß Du Dich in dieser Haltung entspannen kannst.
– Nimm Dich ganz an, wie Du bist.
– Denke an die Schwerkraft.
– Wenn Du Dich entspannst, wenn Du losläßt, auch Deine Vorstellung, wie dehnfähig Du gerne wärst, dann kann Dir die Schwerkraft helfen und zieht/drückt Dich nach unten.

Der „Kniekuß"

- Gib nach und arbeite mit der Schwerkraft und nicht gegen Deine Muskelverspannungen.
- Entspanne Dich und laß Deinen Oberkörper auf Deine Beine sinken.
- Betonung auf „lassen", nicht „wollen"!
- Verweile 5 bis 10 Atemzüge (gesunde Geübte können durchaus eine Minute in dieser Position bleiben) im „Kniekuß".
- Wenn Du die Haltung auflösen möchtest, dann richte Dich einatmend auf, indem Du die Wirbelsäule von unten nach oben „aufrollst". Die Hände gleiten dabei die Beine entlang hoch bis zu den Oberschenkeln, den Kopf hebst Du zuletzt an.
- Spüre in der Ausgangshaltung „Langsitz" oder im Schneidersitz nach.
- Du kannst die Übung auch noch ein- oder zweimal wiederholen.

b) Variante:
- Setz Dich auf den Boden und grätsche die lang ausgestreckten Beine.
- Einatmend nimmst Du die Hände über den Kopf, Daumen verhaken.
- Dann atmest Du tief aus.
- Mit dem nächsten Einatem dehnst Du Dich nach oben und richtest das Becken auf – und
- ausatmend wendest Du Dich nach rechts (der Rücken ist noch hoch aufgerichtet!), dann beugst Du Dich im weiteren Ausatemverlauf aus der Leiste heraus über das rechte Bein.

- Beuge Dich mit einem natürlichen geraden Rücken nach vorn und umfasse mit beiden Händen das rechte Bein entweder am Knie, an der Wade, am Fußknöchel oder am Fuß.

- Achte darauf, daß Du das Knie zwar nicht anwinkelst, aber auch nicht übertrieben durchdrückst. Das Knie bleibt locker.
- Atme ruhig und regelmäßig weiter.
- Deine linke Seite wird gedehnt, die rechte komprimiert.
- Kein Leistungsdruck! Leistungsdruck ist Anspannung – auch auf der Muskelebene. Bei dieser Übung macht sich Leistungsdruck nicht selten als schmerzhafter Muskelkrampf im linken (!) Oberschenkel bemerkbar.
- Entspanne Dich und laß Deinen Oberkörper auf das rechte Bein sinken.
- Betonung auf „lassen", nicht „wollen"!
- Verweile 5 bis 10 Atemzüge (gesunde Geübte können durchaus eine Minute in dieser Position bleiben) im „Kniekuß".
- Wenn Du die Haltung auflösen möchtest, dann richte Dich einatmend auf, indem Du die Wirbelsäule von unten nach oben „aufrollst". Die Hände gleiten dabei das Bein entlang hoch bis zum Oberschenkel, den Kopf hebst Du zuletzt an.
- Spüre in der Ausgangshaltung „Langsitz" oder in der Rückenlage nach.
- Die eine Seite Deines Oberkörpers wurde gedehnt, die andere wurde komprimiert. Sie müßten sich jetzt also unterschiedlich anfühlen. Wie ist das für Dich?
- Das rechte Bein wurde gedehnt. Fühlt es sich jetzt „länger" an als das linke?
- Spüre aufmerksam nach.
- Wiederhole die Übung nun nach der linken Seite.

Die *26. Übung* mit jüngeren Schülern:
Man kann sie beispielsweise dazu auffordern, herauszufinden, ob sie sich im Sitzen mit lang

ausgestreckten Beinen noch ihre Füße waschen können. „Erreicht Ihr mit Euren Händen die Füße?" Oder man kann sie dazu auffordern: „Wir legen unseren Kopf und den Oberkörper auf die Beine schlafen".

Kommentar:
In dieser Haltung werden die Beine und die Rückseite des Körpers, also das Gesäß, Rükken, Schultern und Nacken gedehnt und entspannt. Die Körpervorderseite und insbesondere die Bauchinnenorgane werden komprimiert (in der Variante b werden sie wechselseitig gedehnt und komprimiert), über die Atemfunktion des Zwerchfells regelrecht massiert und, wenn wir beim Nachspüren wieder Raum im Bauchbereich schaffen, verstärkt durchblutet. Eine stärkere Durchblutung bedeutet in der Regel Stärkung und Kräftigung der Organe und Förderung ihrer Funktion.

Anmerkung:
Es gibt verschiedene Gründe, wie kurz vor oder nach einer Bauchoperation, Rückenbeschwerden oder ein zu hoher Blutdruck, weshalb diese Haltung nicht oder nicht so lange eingenommen werden sollte. Bei einer gesundheitlichen Störung solltest Du sicherheitshalber einen Arzt oder Fachmann befragen.

27. Übung: „Das Boot"

Übungsdauer: 6 bis 10 Sekunden, je nach Übungspraxis

- Setz Dich entspannt auf den Boden.

- Die Beine liegen dicht aneinander und sind lang ausgestreckt.
- Und nun hebst Du einatmend beide Beine gleichzeitig lang ausgestreckt schräg hoch.
- Dabei lehnt sich Dein Rücken leicht zurück.
- Die Arme / Hände werden in Schulterhöhe angehoben und sind parallel zum Boden.
- Du sitzt / „balancierst" auf dem hinteren Gesäßbereich.

- Atme ruhig und regelmäßig.
- Ausatmend legst Du die Beine wieder auf den Boden ab und spürst in der Rückenlage nach.
- Du kannst die Übung auch noch ein- oder zweimal wiederholen.

Die 27. Übung mit jüngeren Schülern:
Die Bildvorstellung eines „Bootes" genügt meist, um sie für diese Haltung zu interessieren. Man kann auch sagen: „Wir heben jetzt die Hände und Beine hoch, damit sie nicht naß werden!" In dieser Haltung neigen Kinder und Erwachsene zum „Luftanhalten". Aus diesem Grund ruhig mehrmals nachdrücklich zum Weiteratmen auffordern: „Atmet ruhig und regelmäßig weiter!"

Kommentar:
Diese Haltung trainiert die Bauchmuskulatur.

Bitte beachten:
Menschen mit Rückenbeschwerden, insbesondere im unteren Wirbelsäulenbereich, sollten

diese Übung nur vorsichtig bzw. nicht üben. Fachmann befragen.

Körperübungen in der Bauchlage

28. Übung: **„Die Heuschrecke"**

Übungsdauer: 10 bis 30 Sekunden je Beinhebe (und je nach Übungspraxis)

Diese Haltung kommt aus dem Hatha-Yoga und heißt *„salabhasana"*, was „Heuschrecke" bedeutet.

– Leg Dich lang ausgestreckt auf den Bauch. Der Kopf liegt auf einer Wange. Die Arme/Hände liegen dicht an den Seiten.
– Spür Dich erst einmal in die Bauchlage ein: Dein Rücken wird getragen. Wie fühlt sich das an?
– Dein Bauch atmet gegen einen Widerstand, gegen den festen Boden unter Dir. Der Atem fließt in die Seiten. Wie fühlt sich das an?

Die „Heuschrecke", vorne: mit beiden Beinen, hinten: mit einem Bein

a)
- Nun nimm den Kopf in die Mitte und setz Dein Kinn auf den Boden auf.
- Deine Hände ballst Du zu Fäusten. Mit den Daumenknochen hast Du Bodenkontakt und stützt Dich ab.
- Dann hebst Du das lang ausgestreckte rechte Bein an.
- Ruhig und regelmäßig weiteratmen.
- Halte das Bein solange hoch, wie es Dir angenehm ist.
- Du löst die Haltung wieder auf, indem Du das Bein langsam wieder auf den Boden ablegst.
- Entspanne auch die Hände, lege den Kopf auf die andere Wange und spüre nach.
- Wie fühlt sich Dein Körper jetzt an?
- Wiederhole die Übung nun mit dem linken Bein.

b)
- Wiederhole die Übung nun mit beiden Beinen gleichzeitig.

Kommentar:
Diese Haltung kräftigt die Bein- und Rückenmuskulatur. Sie ist anstrengend und regt die Herztätigkeit und den Kreislauf an.

29. Übung: „Die Sphinx"

Übungsdauer: 10 bis 30 Sekunden, je nach Übungspraxis

- Leg Dich lang ausgestreckt auf den Bauch. Der Kopf liegt auf einer Wange. Die Arme / Hände liegen dicht an den Seiten.
- Spür Dich erst einmal in die Bauchlage ein: Dein Rücken wird getragen. Wie fühlt sich das an?

- Dein Bauch atmet gegen einen Widerstand, gegen den festen Boden unter Dir. Der Atem fließt in die Seiten. Wie fühlt sich das an?
- Und nun schließe die Füße (Füße berühren sich).
- Dann nimmst Du den Kopf in die Mitte und berührst mit der Stirn den Boden.
- Langsam hebst Du den Kopf und schaust geradeaus.
- Atme ruhig und regelmäßig weiter.
- Dann hebst Du Deinen Oberkörper nur mit Hilfe der Rückenmuskulatur an (die Arme / Hände ruhen noch dicht an den Seiten), im weiteren Übungsverlauf nimmst Du Unterarme und Hände zu Hilfe, indem Du sie in Schulterbreite auf den Boden aufstützt.
- Achte darauf, daß die Ellenbogen direkt unter Deinen Schultern auf dem Boden aufliegen. Die Unterarme und Hände verlaufen parallel zueinander. Die Fingerspitzen zeigen nach vorn.
- Die Füße sind entspannt (Fußrücken haben Bodenkontakt) und bleiben geschlossen.
- Atme ruhig und regelmäßig weiter.
- Achte darauf, daß Beine und Becken auf dem Boden aufliegen.
- Dein oberer Rücken wird in dieser Haltung etwas zurückgebeugt. Wie fühlt sich das an?
- Dein Brustkorb und Bauch werden im oberen Bereich befreit (liegen nicht mehr auf dem Boden auf). Wie fühlt sich das an?
- Löse die Haltung auf, indem Du den Oberkörper auf den Boden sinken läßt, mit der Stirn den Boden berührst, die Arme wieder an die Seiten legst und den Kopf auf die andere Wange als vorhin.
- Schließe die Augen und spüre nach.

Die „Sphinx"

— Wie fühlt sich Dein Körper jetzt an? Im Bereich der Nieren hast Du den Rücken komprimiert, jetzt wird er wieder gedehnt, wie fühlt sich das an? Im oberen Bauch hast Du Raum geschaffen, jetzt atmet er wieder gegen einen Widerstand. Wie fühlt sich das an?

— Ein gedehnter Körper kann leichter atmen. Kannst Du den Atem im Rücken wahrnehmen? Kannst Du fühlen, wie im Atemrhythmus die Kleidung über Deine Haut streicht?

Die *29. Übung* mit jüngeren Schülern:
Sie wird in einen „Seehund" verwandelt.

Kommentar:
Diese Haltung kräftigt den Rücken. Bauch und Brust werden geweitet und dadurch vermehrt durchblutet und gestärkt. Da im Bereich der Nieren komprimiert wird, regt diese Haltung die Funktion der Nieren und Nebennieren an. Es ist eine sehr anregende Haltung.

30. Übung: **„Die Kobra"**

Übungsdauer: 6 bis 10 Sekunden, je nach Übungspraxis
Diese Haltung kommt aus dem Hatha-Yoga und heißt *„bhujangasana",* was „Schlangenhaltung" bedeutet.

— Leg Dich lang ausgestreckt auf den Bauch. Der Kopf liegt auf einer Wange. Die Arme/ Hände liegen dicht an den Seiten.

- Spür Dich erst einmal in die Bauchlage ein: Dein Rücken wird getragen. Wie fühlt sich das an?
  Dein Bauch atmet gegen einen Widerstand, gegen den festen Boden unter Dir. Der Atem fließt in die Seiten. Wie fühlt sich das an?
- Und nun schließe die Füße (Füße berühren sich).
- Dann nimmst Du den Kopf in die Mitte und berührst mit der Stirn den Boden.
- Nun hebst Du den Kopf an und schaust hoch zur Decke.
- Atme ruhig und regelmäßig.
- Dann hebst Du Deinen Oberkörper nur mit Hilfe der Rückenmuskulatur an (die Arme/Hände ruhen noch dicht an den Seiten), im weiteren Übungsverlauf nimmst Du die Hände zu Hilfe, indem Du sie in Schulterbreite auf den Boden aufstützt.
- Achte darauf, daß die Hände direkt unter Deinen Schultern auf dem Boden aufliegen. Die Fingerspitzen zeigen nach vorn. Die Ellenbogen sind leicht angewinkelt. Strecke die Ellenbogen nur dann durch, wenn die Beweglichkeit Deines Rückens (Rückbeuge) dies zuläßt.
- Die Füße sind entspannt (Fußrücken haben Bodenkontakt) und bleiben geschlossen.
- Der Kopf liegt im Nacken, und Du schaust hoch zur Decke. Bei Spannungsgefühlen im Hals den Mund öffnen.
- Atme ruhig und regelmäßig.

Die „Kobra"

- Achte darauf, daß die Beine und das Becken im Schambeinbereich auf dem Boden aufliegen.
- Dein oberer Rücken wird in dieser Haltung zurückgebeugt. Wie fühlt sich das an?
- Dein Bauch wird befreit (liegt nicht mehr auf dem Boden auf). Wie fühlt sich das an?
- Löse die Haltung auf, indem Du erst den Oberkörper auf den Boden sinken läßt, mit der Stirn den Boden berührst, die Arme wieder an die Seiten legst und dann den Kopf auf die andere Wange als vorhin.
- Schließe die Augen und spüre nach.
- Wie fühlt sich Dein Körper jetzt an? Im Bereich der Nieren hast Du den Rücken komprimiert, jetzt wird er wieder gedehnt, wie fühlt sich das an? Im oberen Bauch hast Du Raum geschaffen, jetzt atmet er wieder gegen einen Widerstand. Wie fühlt sich das an?
- Ein gedehnter Körper kann leichter atmen. Kannst Du den Atem im Rücken wahrnehmen? Kannst Du fühlen, wie im Atemrhythmus die Kleidung über Deine Haut streicht?

Die *30. Übung* mit jüngeren Schülern:
Bei der Vorstellung „Schlange" fangen sie oftmals ganz von selbst an, „zischend" über den Boden zu rutschen. Solche „eigenen" Assoziationen und ihre körperliche Umsetzung sollte man unbedingt gestatten. Wenn manche der Kinder Ängste vor Schlangen entwickeln, ist auch die Vorstellung „Blindschleiche", „Raupe" oder „Regenwurm" möglich.

Kommentar:
Die Kobra „verführt" zu Leistungsdruck! Viele Anfänger neigen dazu, in der Rückbeuge die Ellenbogen durchzudrücken. Dadurch werden

entweder die Schultern angespannt und angehoben: die Folge ist, daß der zurückgeneigte Kopf- und Nackenbereich auf das Muskelpaket der Schultern drückt, was für die Halswirbelsäule außerordentlich ungesund ist. Oder aber das Becken wird so hoch gehoben, daß es nicht mehr im Schambeinbereich auf dem Boden aufliegt, ja sogar im Bereich der Oberschenkel ist der Bodenkontakt nur noch teilweise und mangelhaft vorhanden. Das Becken schwebt, wodurch der untere Lendenwirbelsäulenbereich sehr stark belastet wird. Es ist also wichtig, die Ellenbogen leicht angewinkelt zu lassen, um den Bodenkontakt des unteren Beckenbereichs und eine entspannte Schulter- und Nackenpartie zu gewährleisten.
Die therapeutischen Wirkungen der Kobra entsprechen der 29. Übung: „Die Sphinx".

Bitte beachten:
Bei Rückenbeschwerden oder wenn diese Übung Schmerzen im Bereich des Rückens verursacht, diese Haltung nicht ausführen, bzw. „Die Sphinx" bevorzugen. Fachmann befragen!

31. Übung: **„Die Bauchschaukel"**

Übungsdauer: variabel, solange es angenehm ist und Spaß macht

- Die Ausgangshaltung ist die Bauchlage.
- Beide Beine anwinkeln und mit den Händen die Fußgelenke umfassen.

– Auf dem Bauch rhythmisch vor- und zurück-schaukeln.

Kommentar:
Diese Übung ist eine gute Bauchmassage.

Bitte beachten:
Bei Rückenbeschwerden ist diese Haltung nicht geeignet.

Körperübungen in der Rückenlage

32. Übung: **„Die Krokodilhaltungen"**

Übungsdauer: nach jeder Seite und entsprechend der Übungspraxis 10 Sekunden bis eine halbe Minute

– Leg Dich entspannt auf den Rücken.
– Nimm die Arme in Schulterhöhe auseinander, die Handflächen zeigen nach unten.

a)
– Beide Knie werden angewinkelt, die Füße stehen dicht nebeneinander.
– Ausatmend läßt Du beide Knie nach links sinken und drehst den Kopf nach rechts.

– Atme ruhig und regelmäßig.
– Achte darauf, daß beide Schulterblätter Bodenkontakt halten.

– Deine rechte Seite wird besonders gedehnt. Wie fühlt sich das an?
– Deine Wirbelsäule wird regelrecht „geschraubt", vom Steißbein bis hinauf zur Halswirbelsäule. Wie fühlt sich das an?
Verweile einige ruhige Atemzüge in dieser Haltung, solange sie Dir angenehm ist.
– Dann kommst Du einatmend mit Kopf und Knie wieder zur Mitte zurück und
– ausatmend läßt Du beide Knie nach rechts sinken und drehst den Kopf nach links.
– Wiederhole die Übung nach der anderen Seite.
– Wenn Du die Haltung auflöst, dann strecke zum Nachspüren die Beine lang aus und nimm die Arme an die Seiten.
– Wie fühlt sich Dein Körper jetzt an?

b)
– Du kannst die Übung wiederholen und dabei die Füße etwas weiter auseinander nehmen. Auf diese Weise werden die Leisten stärker gedehnt, die Drehung im Bereich der Hüfte ist stärker. Wie fühlt sich das an?

– Im Idealfall liegen beide Knie nebeneinander am Boden.
– Kein Leistungsdruck.

c)
– Leg dich entspannt auf den Rücken.
– Nimm die Arme in Schulterhöhe auseinander,

die Handflächen zeigen nach unten. Die Beine sind lang ausgestreckt.
- Einatmend hebst Du das rechte Bein lang ausgestreckt an, bis die Fußsohle und Ferse zur Decke zeigen – und
- ausatmend legst Du das rechte Bein lang ausgestreckt auf die linke Seite ab. Den Kopf drehst Du gleichzeitig nach rechts.

- Du hast eine starke Drehung in der Hüfte. Wie fühlt sich das an?
- Liegen beide Schulterblätter noch fest am Boden auf?
- Wie fühlt sich die Dehnung in der rechten Seite, im rechten Gesäß und im rechten Bein an?
- Atme ruhig und regelmäßig.
- Im Idealfall berührt Dein rechter Fuß die linke Hand.
- Kein Leistungsdruck! Atme ruhig und regelmäßig und vertraue der Schwerkraft, die Dir hilft, Dich zu entspannen.
- Schicke den „langen entspannenden Ausatem" in die Körperbereiche, die sich entspannen sollen.
- Verweile 4 bis 6 ruhige Atemzüge in dieser Haltung.
- Einatmend streckst Du Dein Bein wieder hoch zur Decke, gleichzeitig drehst Du auch Deinen Kopf wieder zur Mitte und

- ausatmend legst Du das Bein wieder auf den Boden ab.
- Spüre mit lang ausgestreckten Beinen nach.
- Wiederhole die Übung mit dem anderen Bein.
d)
- Du kannst die Übung auch mit beiden Beinen gleichzeitig ausführen.

Variante:
- Zur Entlastung des unteren Rückenbereichs kannst Du das Bein (die Beine) auch angewinkelt „anheben", „auf die andere Seite legen" und dann erst lang ausstrecken. Wenn Du die Haltung auflösen möchtest, kannst Du die Beine zunächst anwinkeln und dann wieder lang ausgestreckt auf die Erde „ablegen".

Kommentar:
Die „Krokodilübungen" sind klassische Rückenübungen. Da in dieser Haltung der Rücken das eigene Körpergewicht nicht tragen muß (das Gewicht wird an die Erde abgegeben), aber dennoch bewegt und gedreht wird, werden die gesamten Rückenmuskeln optimal trainiert. Verspannungen können sich lösen, der ganze Bereich wird besser durchblutet, was auch eine verbesserte Ernährung der Bandscheiben zur Folge hat. Da die Nieren ebenfalls von diesen Haltungen besonders angesprochen werden,

trägt diese Körperübung auch den Namen „Nierenschraube". Die anderen Bauchinnenorgane werden ebenfalls angeregt und durchblutet.

Bitte beachten:
Bei Rückenbeschwerden und krankhaften Veränderungen der Wirbelsäule zuerst den Fachmann befragen, ob und welche Varianten der Krokodilhaltungen sinnvoll und empfehlenswert sind.

33. Übung: „Die Antimeteorismushaltung"

Übungsdauer: insgesamt ca. 3 Minuten

– Leg Dich mit lang ausgestreckten Beinen auf den Rücken.

a)
– Winkle das rechte Bein an und umfasse mit beiden Händen das Knie.
– Zieh das angewinkelte rechte Bein so fest wie möglich an Deinen Bauch heran.
– Das linke Bein bleibt entspannt und lang ausgestreckt.
– Dein Kopf ruht auf dem Boden.

– Atme ruhig und regelmäßig.
– Spürst Du die Atembewegungen im Bauch? Fühlst Du, wie sich einatmend die Bauchdecke hebt und ausatmend senkt?
– Da Du mit dem rechten Bein Druck auf die rechte Bauchseite ausübst, werden beim Atmen die Bauchinnenorgane der rechten Seite regelrecht massiert.

– Verweile etwa 1 Minute in dieser Position.
– Dann löst Du die Haltung wieder auf, indem Du das rechte Bein losläßt und lang ausstreckst.
– Spüre mit lang ausgestreckten Beinen nach.
– Fühlen sich die beiden Bauchseiten unterschiedlich an?

b)
– Wiederhole nun die Übung mit dem linken Bein, ebenfalls etwa 1 Minute lang.

c)
– Wiederhole nun die Übung mit beiden Beinen.
– Beide Beine werden angewinkelt und fest gegen den Bauch gedrückt.
– Der Hinterkopf ruht auf dem Boden.

– Atme ruhig und regelmäßig.
– Verweile etwa 1 Minute in dieser Haltung, dann löse sie auf und spüre nach.

Die *33. Übung* mit jüngeren Schülern:
Wir sind ein „kleines Samenkorn", ein „Päckchen" usw.

Kommentar:
Da mit den Beinen Druck auf die Bauchdecke ausgeübt wird, wirkt die Atemtätigkeit des Zwerchfells wie eine Massage der Bauchinnenorgane. Wie der Name „Antimeteorismushaltung" schon besagt, ist diese Übung gut zur Anregung und Normalisierung des Verdauungssystems und zur Beseitigung von Blähungen. Die Reihenfolge „rechtes Bein – linkes Bein – beide Beine" ist nicht willkürlich, sondern ergibt sich aus dem Verlauf des Dickdarms.

Bitte beachten:

Da auf den Bauchraum Druck ausgeübt wird, entsteht ein vermehrter Blutdruck im oberen Körperbereich und im Kopf. Menschen mit zu hohem Blutdruck, Schilddrüsenüberfunktion oder erhöhtem Augeninnendruck sollten diese Übung nicht bzw. nicht so lange ausführen. Asthmatiker sollten diese Übung nur kurz und mit Vorsicht angehen.

34. Übung: „Die Beckenhebeübung"

Übungsdauer: 15 Sekunden bis 1 Minute

- Leg Dich auf den Rücken.
- Die Arme/Hände liegen mit den Handflächen nach unten an den Seiten.
- Die Beine werden angewinkelt, die Füße stehen vor dem Gesäß in Beckenbreite auseinander auf dem Boden.

a)
- Einatmend hebst Du das Becken an, Po vom Boden lösen.

- Atme ruhig und regelmäßig weiter.
- Wenn Du die Haltung wieder auflösen möchtest, läßt Du ausatmend das Becken wieder sinken und legst es auf den Boden ab.
- Spüre mit lang ausgestreckten Beinen nach.
- Du kannst die Übung noch einmal wiederholen.

b)
- Einatmend hebst Du das Becken an, Po vom Boden lösen.
- Atme ruhig und regelmäßig weiter.

- Mit dem nächsten Einatem streckst Du nun das rechte Bein lang aus und hebst es leicht an.

- Atme ruhig und regelmäßig weiter.
- Wenn Du die Haltung wieder auflösen möchtest, winkelst Du ausatmend das rechte Bein an und stellst den rechten Fuß vor dem Gesäß auf den Boden auf.
- Mit dem nächsten Ausatem läßt Du das Becken wieder auf den Boden sinken und spürst mit lang ausgestreckten Beinen nach.
- Wiederhole die Übung mit dem anderen Bein.

Die *34. Übung* mit jüngeren Schülern:
Wir bauen eine „Brücke" oder einen „Tunnel".

Kommentar:

Als Umkehrhaltung begünstigt diese Übung eine stärkere Durchblutung von Kopf, Hals und Oberkörper. Die Bauch- und Rückenmuskulatur wird trainiert und gekräftigt. Wenn die Beine abwechselnd schräg nach oben gehalten werden, werden die Beinvenen entlastet.

Bitte beachten:

Gerade der starken Durchblutung im oberen Körperbereich wegen, ist diese Haltung von Menschen mit zu hohem Blutdruck, erhöhtem Augeninnendruck oder Schilddrüsenüberfunktion nur mit Vorsicht und nach Befragen eines Arztes zu üben. Für Asthmatiker ist diese Haltung nicht geeignet. Während der Menstruation sollten Umkehrhaltungen (= Haltungen, in denen der Kopf tiefer gelagert wird als das Becken) nicht bzw. nur kurz geübt werden.

35. Übung: „Die Kerze"

Übungsdauer: 15 Sekunden bis ca. 1 Minute, je nach Übungspraxis
Diese Übung finden wir auch im Hatha-Yoga unter der Bezeichnung *„salamba-sarvang-asana"*, was übersetzt etwa „der gestützte ganze Körper" bedeutet.

- Leg Dich mit lang ausgestreckten Beinen auf den Boden.
- Die Arme/Hände liegen dicht neben Deinem Körper an den Seiten, die Handflächen zeigen zum Boden.
- Dein Kopf liegt in der Mitte.
- Und nun winkle beide Beine an und führe die angewinkelten Beine in Bauchhöhe.
- Atme ruhig und regelmäßig weiter.
- Mach einen runden Rücken und hebe das Gesäß vom Boden.
- Du kannst Dich in den Hüften abstützen, indem Du die Arme nun anwinkelst und mit den Händen Hüfte und Gesäß hältst.
- Atme aus und hebe den Rumpf senkrecht hoch.
- Unterstütze ihn weiterhin mit den Händen.
- Dein Hinterkopf, der Nacken, die Schultern und die Oberarme haben Bodenkontakt. Rumpf und die Beine werden senkrecht hoch zur Decke gestreckt. Die Fersen weisen nach oben.
- Atme ruhig und regelmäßig.
- Beobachte die Atembewegungen Deiner Bauchdecke.

- Achte darauf, daß Dein Kopf in der Mitte bleibt. Nicht plötzlich den Kopf wenden und zum Nachbarn schauen!
- Wenn Du die Haltung auflösen möchtest, dann winkle langsam die Beine an und rolle Dich mit rundem Rücken sanft ab.
- Spüre mit lang ausgestreckten Beinen in der Rückenlage nach.

Die *35. Übung* mit jüngeren Schülern:
Die „Kerze" sollte nur mit Schülern geübt werden, die bereits über eine reiche Übungspraxis verfügen! Sie ist eine anspruchsvolle Haltung. Gerade Kinder haben die Tendenz, auch während sie sich in der „Kerze" befinden, „schnell mal" zu gucken, was der Nachbar macht. Da in der „Kerze" die Halswirbelsäule und der Nacken stark belastet werden, ist es nicht empfehlenswert, auch noch den Kopf zu drehen. Der Hinweis „beobachtet, wie sich Euer Bauch im Atem bewegt!" lenkt die Konzentration auf die Vorgänge im eigenen Körper.

Kommentar:
Diese anspruchsvolle Haltung hat viele positive Wirkungen. Der Bereich von Kopf und Oberkörper wird verstärkt durchblutet. Und alle Organe in diesem Bereich werden dadurch gekräftigt und in ihrer Funktion gestärkt. Sie hat eine positive Wirkung auf die Drüsen. Die Venen in den Beinen werden entlastet.

Bitte beachten:
Für Menschen mit Beschwerden oder einer krankhaften Veränderung der Halswirbelsäule ist diese Haltung nicht geeignet. Auch Menschen mit zu hohem Blutdruck, erhöhtem

Augeninnendruck oder Schilddrüsenüberfunktion sollten diese Übung nicht bzw. nur kurz ausführen. Für Asthmatiker ist diese Haltung nicht zu empfehlen. Während der Menstruation ist diese „Umkehrhaltung" ebenfalls ungeeignet.

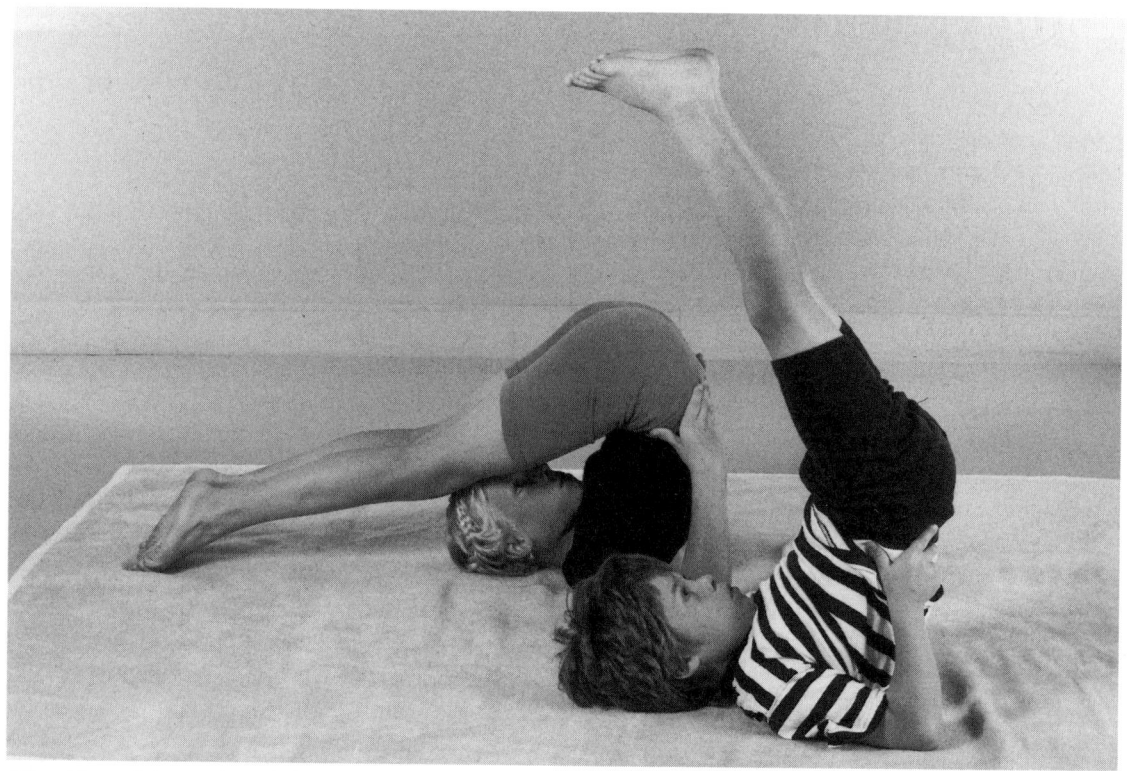

Die „Kerze" (vorne) und der „Pflug" (hinten)

36. Übung: **„Der Pflug"**

Übungsdauer: 15 Sekunden bis ca. 1 Minute, je nach Übungspraxis
Diese Übung finden wir auch im Hatha-Yoga unter der Bezeichnung *„halasana",* was „Pflughaltung" bedeutet.

- Der Anfang ist wie in der 35. Übung „Die Kerze".
- Die Beine werden allerdings nicht nach oben, sondern lang ausgestreckt nach hinten geführt, bis die Fußzehen den Boden hinter dem Kopf berühren.
- Die Hände stützen die Haltung in den Hüften.

- Ruhig und regelmäßig atmen.
- Wenn Du die Haltung auflösen möchtest, dann winkle langsam die Beine an und rolle Dich mit rundem Rücken sanft ab.
- Spüre mit lang ausgestreckten Beinen in der Rückenlage nach.

Kommentar und Bitte beachten:
siehe 35. Übung „Die Kerze".

IV. Der Atem – ein Geschenk des Lebens

Der Mensch beginnt sein eigenständiges Leben außerhalb des Mutterleibes mit dem ersten Atemzug (Einatem) und haucht es am Endes seines Lebens wieder aus (Ausatem). Im Einatem treten wir in Kontakt mit der lebendigen Welt außerhalb von uns. Im Ausatem durchschreiten wir das Tor zum eigenen Inneren und ewigen Leben. Solange wir hier auf der Erde leben, atmen wir. Solange wir atmen, leben wir.

Der Atemvorgang erfüllt mehrere wichtige Lebensfunktionen. Wie wichtig, können wir schon allein daran erkennen, daß wir ohne zu essen ein paar Wochen, ohne zu trinken ein paar Tage, aber ohne zu atmen nur wenige Minuten überleben.

Im Einatem versorgen wir unseren Körper und die Zellen mit dem lebenswichtigen Sauerstoff, den die Körperzellen benötigen, um die ihnen zugeführten Nahrungsstoffe verbrennen zu können. In diesem Stoffwechselprozeß gewinnen sie die Energie, die sie zur Erfüllung ihrer Aufgaben wie Muskeltätigkeit und Wachstum brauchen. Durch die Verbrennungsvorgänge mit Hilfe des Sauerstoffs entstehen im menschlichen Kör-per Abfallprodukte, sogenannte Stoffwechselschlacken. Unter anderem wird als Endprodukt Kohlendioxid frei, welches über die Lunge im Ausatem wieder an die Atmosphäre abgegeben wird. Annamaria Wadulla vergleicht in ihrem Buch „Bewußt Atmen – Besser Leben" diese Be- und Entlüftungsfunktion des Atems mit einem Ofen[5]. Sie schreibt, daß ein mangelhafter und zu flacher Atem einem Ofen mit einem schlechten Durchzug gleicht. Es entstehen Schlacken und Ablagerungen im Körper, die diesen schleichend vergiften und Krankheiten verursachen.

Da wir über den Einatem Sauerstoff aufnehmen und ausatmend Kohlensäure (Kohlendioxid) abgeben, hat die Atmung unter anderem auch die Aufgabe, das Säure-Basen-Gleichgewicht im Körper zu regulieren. Je mehr wir uns anstrengen, desto mehr Energie wird vom Körper benötigt. Infolgedessen wird sein Stoffwechsel größer, und damit steigt auch die Kohlendioxidmenge, die ausgeschieden werden muß. Auf

---

[5] Vgl.: Annamaria Wadulla, „Bewußt Atmen – Besser Leben", S. 32

diese Weise bewirkt ein Anstieg der Kohlendioxidmenge im Blut auch eine gesteigerte Atmung. Die empfindlichen Zellen im Atemzentrum des Gehirns registrieren einen Anstieg des Kohlensäurespiegels im Blut und regen zu einer gesteigerten Atmung an. Ein Abfall des Kohlensäurespiegels läßt uns wieder ruhig atmen. Auf diese Weise wird die Atmung an die Bedürfnisse des Körpers angepaßt. Diese Atemregulation geschieht unbewußt, also auch dann, wenn wir schlafen oder bewußtlos sind [6].

Der mechanische Atemvorgang hat einen wesentlichen Einfluß auf unsere Verdauungs- und Entgiftungsorgane: Neben den Zwischenrippenmuskeln, die für einen beweglichen Brustkorb sorgen, ist das Zwerchfell der wichtigste Atemmuskel. Dieser Muskel befindet sich in der Mitte unseres Oberkörpers und teilt ihn praktisch in zwei Hälften. In der oberen Hälfte finden wir das Herz und die Lunge, in der unteren sind die Drüsen und Verdauungsorgane. Im ausgeatmeten Zustand ist das Zwerchfell entspannt und hat eine Kuppelform mit Wölbung nach oben. Wenn wir einatmen, spannt sich das Zwerchfell an und senkt sich. Dadurch entsteht im Bereich des Brustkorbs eine Art Unterdruck, wodurch die Luft angesaugt wird. Ausatmend entspannt sich der Zwerchfellmuskel wieder, nimmt seine Kuppelform an, wodurch die Luft oben ausströmt. Immer wenn sich im Einatem das Zwerchfell senkt, übt es einen gewissen Druck auf die Bauchinnenorgane aus. Diese geben nach; weil sie aber auch Platz für sich beanspruchen, muß die Bauchdecke nach außen nachgeben. Wenn sich im Ausatem das Zwerchfell wieder ent-

spannt und seine nach oben gewölbte Kuppelform einnimmt, dann entsteht im Bauch eine Art Unterdruck. Die Bauchinnenorgane nehmen ihren ursprünglichen Platz wieder ein. Auf diese Weise werden mit jedem Ein- und Ausatem die Bauchinnenorgane regelrecht massiert, was ihre Durchblutung fördert und sie in ihrer Funktion stärkt. So erklärt sich auch die sogenannte „Bauchatmung", in der sich einatmend die Bauchdecke hebt und ausatmend senkt.

Die Bewegungen des Zwerchfells wirken sich auch auf die Herztätigkeit aus: mit dem Zwerchfell wird im Einatem auch die Herzspitze etwas nach unten bewegt, ausatmend tritt die Herzspitze wieder an ihre ursprüngliche Stelle zurück. Die Sogwirkung nach oben, zum Herzen hin, bewirkt eine Aktivierung des venösen Rückflusses, und der ganze Vorgang kann als „aktive Aortengymnastik" bezeichnet werden.

Wenn wir bedenken, daß wir Tag und Nacht ununterbrochen atmen, wird deutlich, wie sehr es sich zur Aufrechterhaltung unserer Gesundheit lohnt, auf einen ungehinderten Fluß des natürlichen Atems zu achten: Wir fördern die Versorgung der Zellen mit Sauerstoff, unterstützen die Entgiftung des Körpers und massieren die Bauchinnenorgane.

Atem und Emotion

Aber dieser natürliche Atemfluß wird nur allzu leicht beeinträchtigt und behindert:
Haben Sie schon einmal vor Spannung die Luft angehalten? Oder ist Ihnen schon einmal vor Entrüstung die Luft weggeblieben? Oder haben Sie schon einmal vor Wut nach Luft geschnappt?

---

[6] Vgl.: Wolfgang Schmid, „Ärztlicher Rat für Bronchial- und Lungenkranke", S. 2 u. 11

Es gibt einen unmittelbaren Zusammenhang zwischen unserem emotionalen Zustand und der Atmung. Ein Mensch, der sich in einer ruhigen Gemütsverfassung befindet, atmet ruhig und regelmäßig. So können wir z.B. einen schlafenden, entspannten Menschen an seinen ruhigen, gleichmäßigen und tiefen Atemzügen erkennen. Einen aufgeregten Menschen erkennen wir an seiner flachen und raschen Atmung. Eine geistige oder gefühlsmäßige Anspannung wirkt sich auf der körperlichen Muskelebene ebenfalls als Anspannung aus, die Elastizität der Atemmuskeln wird beeinträchtigt und behindert so den freien Fluß des Atems. Insbesondere das Zwerchfell ist sehr anfällig für solche Anspannungen. Wir nehmen diese Anspannung des Zwerchfells in unangenehmen Situationen häufig als ein Druckgefühl in der Magengegend wahr. Wenn sich krankhafte Abweichungen vom eigenen individuellen Atemmuster über längere Zeit wiederholen, können sie sich verfestigen und Krankheiten verursachen.

Asthma

Bronchialasthma ist die augenscheinlichste Erkrankung dieser Art. Wer schon einmal einen Asthmaanfall beobachtet hat oder gar selbst unter dieser Krankheit leidet, weiß, wie verzweifelt der Kranke nach Luft ringt. Mit Gewalt versucht er einzuatmen, mehr und immer mehr. Bei all dem ist er scheinbar unfähig, auszuatmen. Aber um einatmen zu können, um unseren Organismus mit frischer Luft und Lebensenergie auffüllen zu können, müssen wir die Lunge erst leeren. Ebensowenig, wie wir in einen vollen Korb mehr und immer noch mehr hineintun kön-

nen, können wir in eine bereits gefüllte Lunge einatmen. Wenn der Kranke es doch versucht, so tut er sich und seinem Atemsystem damit Gewalt an und schädigt die Lunge. So könnte man Asthma auch als eine „Ausatemstörung" bezeichnen.

Asthma steht schon seit langem im Verdacht, psychosomatischen Ursprungs zu sein. Das bedeutet, daß die Ursache dieser Krankheit nicht in den Lungen, nicht in den Atemmuskeln und auch nicht in den Lungenbläschen zu finden ist (obwohl diese durch Asthmaanfälle sehr stark geschädigt werden können), sondern in tiefliegenden seelischen Problemen. Anspannung beginnt im Geist! Wenn wir aus irgendeinem Grund in irgendeinem Lebensbereich nicht loslassen können, also massive Ängste davor haben, „etwas oder jemand" loszulassen, dann wird dies in einem gestörten Atemmuster sichtbar. Ausatmen ist loslassen! Nicht ausatmen können heißt: „Ich kann nicht loslassen! Haltet mich fest! Bleibt da! Ich habe Angst!". Ein Mensch im Asthmaanfall hat Todesangst! Tatsächlich treten erste Asthmaanfälle nicht selten in Verbindung mit bestimmten Lebenssituationen auf: z.B. wenn Kinder ihre Mütter mehr loslassen müssen, als sie gerade verkraften können. Das müssen keine „bösen" oder „lieblosen" Mütter sein. Häufig wollen diese nur endlich wieder in ihren Beruf zurück oder müssen sich um ein anderes Familienmitglied (Familienzuwachs) besonders kümmern. Auch die Scheidung der Eltern, der Tod eines geliebten Menschen (auch Tiere), ein Umzug (Verlust der Freunde) oder ein Schulwechsel fordern von einem Kind die Fähigkeit, loszulassen, mit diesem Verlust und dieser Trauer fertig zu werden. Jedes Kind ist anders. Manche verkraften solche

Schicksalsschläge erstaunlich leicht, andere entwickeln eine psychosomatische Störung wie Asthma. Auch „Nicht-Asthmatiker" wissen, wie sich eine „beklemmende Situation" anfühlt, die uns „nicht mehr richtig tief durchatmen" läßt.

Ich erwähne gerade diese Erkrankung, da immer mehr Kinder und Jugendliche davon betroffen sind. Es ist allgemein bekannt, daß bestimmte allergische Reaktionen bewirkende Substanzen, wie Hausstaub, Pollen oder Umweltgifte, als Auslöser für Asthma gelten, und es ist wichtig, den Asthmakranken auf diese Möglichkeiten hin zu untersuchen und zu behandeln.

Da Asthmatiker in der Regel Schwierigkeiten beim Ausatmen haben, ist es sinnvoll, mit ihnen das Ausatmen (etwa mit einem stimmhaften „sss" oder „fff") zu üben. Auch Körperübungen, die mit bewußtem Atem geübt werden, können für diese Menschen sehr hilfreich sein. Es gibt eine Regel, die besagt, daß Asthmatiker Übungen und Körperhaltungen, die eine verstärkte Durchblutung des Oberkörpers (Lungen) bewirken, vermeiden sollen. Dazu zählen im besonderen alle Vorbeugen, sogenannte „Umkehrhaltungen", in denen der Kopf tiefer liegt als das Becken. Aus Erfahrung weiß ich, daß bei Menschen mit starkem Asthma auch schon eine Position, in der Becken, Oberkörper und Kopf in gleicher Höhe sind (z.B. Rückenlage) eine Reizwirkung haben und einen Asthmaanfall auslösen kann. Ein oder mehrere Kissen, welche nicht nur den Kopf, sondern den ganzen Oberkörper höher als das Becken lagern, können hier helfen.

Erkrankungen machen individuelle Rücksichtnahme notwendig. Deshalb ist es auch im Falle einer Asthmaerkrankung wichtig, einem Arzt oder Therapeuten die Entscheidung zu überlassen, ob und welche der in diesem Buch vorgestellten Übungen in diesem ganz besonderen Fall sinnvoll sind oder nicht.

„Richtiges Atmen" kann man lernen

Jeder Mensch hat seinen ganz individuellen Atemrhythmus. Er kommt mit diesem unverwechselbaren Atemmuster bereits auf die Welt. Unter „richtigem Atmen" verstehe ich also nicht einen „künstlich aufgesetzten Atemrhythmus", sondern es geht darum, seinen natürlichen Atemfluß wiederzufinden und zu stabilisieren und auf diese Weise einen Atem zu entwickeln, der sich auch von Anspannung und Streß nicht stören läßt.

Folgende Aspekte sollten beim Ausüben von Atemübungen immer berücksichtigt werden:

die Körperhaltung:

Es liegt auf der Hand, daß eine aufrechte Körperhaltung mit entspannt aufrechtem Rücken eine grundlegende Voraussetzung dafür ist, daß sich der Brustraum und damit auch der Atemraum entfalten kann. Auch die Kleidung sollte so sein, daß sie den freien Atemfluß nicht behindert (beengende Kleidungsstücke lösen).

frische, klare Luft:

Atemübungen werden am besten bei geöffnetem Fenster bzw. in einem gut belüfteten Raum geübt.

die innere Einstellung:

Alle Atemübungen erfordern große Achtsamkeit und Einfühlungsvermögen. Wir gehen mit unse-

rem Atem mit großer Zartheit und Behutsamkeit um. Der Atem wird nicht gezwungen!
Wenn irgendwelche Zeichen von Unwohlsein auftreten, wie z.B. Kopfschmerzen, Beklemmungen, Herzklopfen oder Schwindel, so muß man die Übungen sofort abbrechen. Es kann viele Gründe für solche Störungen geben: ein zu voller oder auch ein zu leerer Magen (Hunger), Wetterumschwung oder ein zu ungeduldiges Üben, bei dem der Atem gezwungen wird.

durch die Nase atmen:

Es wird normalerweise immer durch die Nase geatmet – ein und aus. Es gibt einige Übungen, bei denen durch den Mund geatmet wird. Sie sind jedoch eher die Ausnahme und werden immer ausdrücklich als solche beschrieben.

ein ruhiger und regelmäßiger Atemfluß:

Wir atmen ruhig und regelmäßig, *ohne* die Luft anzuhalten. Es gibt Übungen, bei denen die Luft angehalten wird – aber nicht in diesem Buch. Für unsere Zwecke genügt es, sich überhaupt erst einmal mit dem eigenen Atem vertraut zu machen.

1. Übung: „Die Atempause"

Wann haben wir uns das zuletzt gegönnt: einfach mal „Atem holen", eine Pause einlegen, sich dem eigenen Atem zuwenden und sich – unprogrammgemäß und ganz spontan – den Luxus eines erfrischenden, befreienden, tröstenden Atems genehmigen?

– Lege eine kurze Pause ein:
– Und hol dreimal tief Luft!
– Atme dreimal intensiv aus und wieder ein.

Wahrnehmungs- und Atemübungen in der Rückenlage

2. Übung: „Den Atem wahrnehmen"

Übungsdauer: etwa 2 Minuten
Bevor wir mit „Atemübungen" beginnen, ist es sinnvoll, sich erst einmal mit dem eigenen Atem „so, wie er ist", vertraut zu machen. Diese Übung kann im „aufrechten Stand" ebensogut geübt werden, wie in einer „aufrechten Sitzhaltung" und in der „Rückenlage". Ich bevorzuge hier die Rückenlage, weil sie uns in dieser entspannenden Position eine besondere Atemtiefe erlaubt.

– Leg dich entspannt auf den Rücken. Die Beine sind lang ausgestreckt und leicht geöffnet. Die Fußspitzen weisen entspannt nach außen. Die Arme liegen locker an den Seiten. Die Handinnenflächen zeigen nach oben. Der Kopf liegt auch wirklich in der Mitte, der Nacken ist leicht gedehnt (entspannt).
– Schließe die Augen.
– Atme ruhig und regelmäßig ein und aus.
– Beobachte Deinen Atem, wie er kommt und geht, ohne einzugreifen.
– Nun lege Deine Hände rechts und links vom Bauchnabel auf den Bauch.
– Fühlst Du den Atem unter Deinen Händen?
– Kommt der Atem im Bauch an? Fühlst Du die Atembewegungen im Bauch? Fühlst Du, wie

sich die Bauchdecke im Einatem hebt und im Ausatem senkt?
- Lege Deine Hände nun auf den unteren Bereich des Brustkorbs.
- Fühle den Atem unter Deinen Händen.
- Fühlst Du, wie sich der Brustkorb hebt und senkt, wie er sich im Einatem weitet und im Ausatem wieder zusammenzieht?
- Nur den Atem beobachten, ohne einzugreifen.
- Und nun lege Deine Hände auf den oberen Brustbereich unterhalb des Schlüsselbeins.
- Fühlst Du den Atem unter Deinen Händen?
- Fühle, wie sich der Atem nach oben ausdehnt und den oberen Brustbereich hebt und senkt.
- Und nun läßt Du langsam wieder die Hände sinken und spürst nach. Wo, also in welchem Körperbereich, dem unteren, mittleren oder oberen, hast Du die Atmung am deutlichsten (schwächsten) wahrgenommen?

Kommentar:

Es ist für Erwachsene und Kinder gleichermaßen interessant, wenn sie diese Wahrnehmungsübung erst in der Rückenlage, dann im Sitzen und dann im Stand ausführen. Der Vergleich, in welcher Körperhaltung der Atem am deutlichsten spürbar ist, zeigt, daß wir uns in der Regel in der Rückenlage am besten entspannen können und so einen tiefen, freien Atemfluß ermöglichen.

Man kann diese Wahrnehmungsübung auch erst vor und dann nach einer bestimmten Körperübung oder Massage ausführen. Sie erlaubt uns den bewußten Vergleich, wie verspannt der Körper davor und wie entspannt er danach ist. Nach einer Körperübung ist oft ein deutlicher Unterschied in der Atemtiefe wahrnehmbar.

Ohne den Atem zu steuern, also ohne einzugreifen, kann der Schüler seinen Atem beobachten, Verspannungen erkennen und Fortschritte unter seinen Händen fühlen.

3. Übung: „Die Bauchatmung"

Übungsdauer: 5 bis 10 Minuten, solange die Übung angenehm ist

- Leg Dich entspannt auf den Rücken. Die Beine sind lang ausgestreckt und leicht geöffnet. Die Fußspitzen weisen entspannt nach außen. Die Arme liegen locker an den Seiten. Die Handinnenflächen zeigen nach oben. Der Kopf liegt auch wirklich in der Mitte, der Nakken ist leicht gedehnt (entspannt).
- Lebe Dich ganz in Deinen Körper ein und schließe die Augen.
- Und nun beobachtest Du den Atem: in der Nase, wie er kommt und geht – wie er durch den Mund und Rachenraum in die Lungen fließt – und bewirkt, daß sich einatmend die Bauchdecke hebt und ausatmend senkt. Einatmend hebt sich die Bauchdecke, ausatmend senkt sie sich.
- Lege Deine beiden Hände rechts und links vom Bauchnabel auf den Bauch. Fühle, wie sich unter Deinen Händen die Bauchdecke hebt und senkt. Einatmend hebt sie sich, und ausatmend senkt sie sich. Die Hände gehen elastisch mit, so, als wären die Hände ein Teil des Bauches oder der Bauch ein Teil der Hände.
- Atem und Bewegung sind eins.
- Der Atem bleibt ruhig und regelmäßig, ein natürlicher Fluß.

– Wenn Du die Entspannungsübung beenden möchtest, dann atme einige Male tief ein und aus. Bewege langsam wieder die Hände und die Füße. Recke, strecke und dehne Dich. Und dann richtest Du Dich langsam (Achtung Kreislauf!) über die Seite zum Sitzen auf. Oder, wenn Du diese Übung als „Einschlafhilfe" nutzt, drehst Du Dich einfach auf die Seite und schläfst ein.

Die *3. Übung* mit jüngeren Schülern:
Hier werden die auf dem Bauch aufliegenden Hände durch ein Kuscheltier ersetzt („Kuscheltieratmung"). Das auf dem Bauch sitzende oder liegende Kuscheltier (Puppe) wird im Atemrhythmus geschaukelt. Die Kinder werden dadurch motiviert, bis in den Bauch hineinzuatmen, und erlernen so auf spielerische Weise diese entspannende Atemübung. Gerade jüngere Kinder assoziieren mit Schaukelbewegungen Ruhe und Geborgenheit. Und diese Ruhe und Geborgenheit vermuten sie nun beim Kuscheltier. Mit der Aufforderung: „Und auch wir werden jetzt so ruhig und entspannt wie unser Kuscheltier", können die Kinder dann diese Entspannung im eigenen Körper und Bewußtsein erfahren.[7]

Kommentar:
Auch diese Übung dient zunächst einmal der bewußten Wahrnehmung des Atems. Die „Bauchatmung" ist sehr entspannend. Sie macht die Wechselbeziehung zwischen Atem und Emotion deutlich. Es sind nicht nur unsere Gefühle, die den Atem beeinflussen, sondern wir

können über den bewußten ruhigen Atem auch einen bewußten beruhigenden Einfluß auf unsere Gefühle nehmen. Ein ruhiger konstanter Atemrhythmus beruhigt und entspannt. So ist diese Übung auch sehr gut als Einschlafhilfe geeignet. Die Heilwirkung der „Bauchatmung" ergibt sich aus der Tätigkeit des Zwerchfells, welches durch seine Bewegungen die Herz-Kreislauf-Stoffwechsel- und Nervensysteme stärkt und harmonisiert. Es hat sich gezeigt, daß diese Atmung auch bei nervösen Verdauungsbeschwerden hilfreich ist. Diese Atemübung ist so vielfältig in ihrer positiven Wirkung und dabei gleichzeitig so einfach. Kinder, Jugendliche und Erwachsene schätzen diese Übung gleichermaßen.

4. Übung: „Wir lassen mit dem Ausatem alles los"

Übungsdauer: 10 bis 20 Minuten, solange die Übung angenehm ist

– Leg Dich entspannt auf den Rücken. Die Beine sind lang ausgestreckt und leicht geöffnet. Die Fußspitzen weisen entspannt nach außen. Die Arme liegen locker an den Seiten. Die Handinnenflächen zeigen nach oben. Der Kopf liegt auch wirklich in der Mitte, der Nakken ist leicht gedehnt (entspannt).
– Lebe Dich ganz in Deinen Körper ein und schließe die Augen.
– Wandere in Gedanken von den Füßen bis zum Kopf und spüre, welche Körperteile einen lebendigen Bodenkontakt haben und welche nicht.
– Und nun wanderst Du mit dem Bewußtsein in das Gesicht. Die Kiefermuskulatur ist locker –

---

[7] Vgl.: Ursula Rücker-Vogler, „Yoga und Autogenes Training mit Kindern", S. 37f.

die Lippen liegen locker aufeinander – die Zunge liegt breit und weich im Mund – *Du lächelst nach innen!* – Du spürst den Atem in der Nase, wie er kommt und geht – die Augen liegen tief und entspannt in den Höhlen – und die Stirn ist ganz glatt.

– Und nun beobachtest Du den Atem: in der Nase, wie er kommt und geht – wie er durch den Mund und Rachenraum in die Lungen fließt – und bewirkt, daß sich einatmend die Bauchdecke hebt und ausatmend senkt.

– Und nun läßt Du mit jedem Ausatem mehr los. So, wie sich im Ausatem die Bauchdecke senkt, gibst Du Dich mit jedem Ausatem mehr der Erde hin. Die Erde trägt Dich. Mit jedem Ausatem wird der ganze Körper breiter, weicher und schwerer.

– Wenn Du die Entspannungsübung beenden möchtest, dann atmest du einige Male tief ein und aus. Bewege langsam wieder die Hände und die Füße. Recke, strecke und dehne Dich. Und dann richtest Du Dich langsam (Achtung Kreislauf!) über die Seite zum Sitzen auf. Oder du drehst Dich zum Einschlafen ganz einfach auf die Seite.

Kommentar:

„Ausatmen", „entspannen" und „loslassen" gehören zusammen. Tatsächlich können wir über den Ausatem alles loslassen, was uns an einem inneren Erleben von Ruhe und Wohlbefinden hindert: ablenkende Gedanken, Emotionen und körperliche Verspannungen. Ein ruhiger konstanter Atemfluß beruhigt und entspannt. So ist diese Übung auch sehr gut als Einschlafhilfe geeignet.

5. Übung: „Die Seemuschel"

Übungsdauer: 1 bis 2 Minuten

– Lege Dich mit angewinkelten Beinen auf den Rücken.
– Die Füße sind geschlossen und stehen vor dem Gesäß am Boden.
– Ausatmend schließt Du die Knie und führst zugleich die ausgestreckten Arme vor der Brust zusammen, bis sich die Hände berühren.
– Einatmend läßt Du die Knie locker nach außen fallen. Gleichzeitig löst Du die Hände voneinander und führst die ausgestreckten Arme weit nach außen, bis sie in Schulterhöhe den Boden berühren.
– Ausatmend schließt Du Knie und Hände/Arme wieder und – mit dem nächsten Einatem öffnest Du Dich weit, schaffst Raum in der Brust und im Oberkörper, indem Du die Knie und die Arme links und rechts nach außen nimmst.
– Wie eine „Seemuschel", die sich im Rhythmus der Gezeiten öffnet und schließt.
– Beobachte Deinen eigenen Atemrhythmus, und folge ihm!
– Halte nicht die Luft an, sondern atme ruhig und gleichmäßig.
– Achte darauf, daß der Atem frei fließt. Laß ihn kommen und gehen, ohne einzugreifen, aber unterstütze diesen Vorgang, indem Du Dich öffnest und schließt.
– Beende die Übung, wenn Du etwa 5mal ein- und ausgeatmet hast.
– Strecke die Beine lang aus, nimm die Hände an die Seiten und spüre nach.

Die „Seemuschel": ausatmen und sich schließen

Kommentar:

Mit dieser Übung werden wichtige Voraussetzungen für eine gesunde, frei fließende Atmung bewußtgemacht und bewußt geschaffen. Wenn wir einatmen wollen, dann brauchen wir Raum, also schaffen wir ihn! Ausatmend verengen wir den Raum.

Es geht darum, unbewußte Vorgänge ins Bewußtsein zu heben! Vorgänge, die sonst von alleine „richtig" funktionieren. Hierin liegt der Hauptwert dieser Übung. Ich habe in meinen Kursen schon häufig erwachsene Teilnehmer gehabt, die sich vorbeugen oder in irgendeiner Körperhaltung den Atemraum verengen und gleichzeitig versuchen einzuatmen. Je früher Kindern solche Zusammenhänge bewußtgemacht werden, desto weniger neigen sie später zu diesen fehlerhaften Atemmustern.

Die „Seemuschel": einatmen und sich öffnen

Atemübung im aufrechten Sitz

6. Übung: „Der Flügelatem"

Übungsdauer: etwa 1 Minute

– Setz Dich entspannt aufrecht hin (auf den Boden oder auf den Stuhl).
– Ausatmend führst Du beide Arme vor dem Körper nach vorn, bis sich die Handflächen berühren,
– einatmend führst Du beide Arme weit nach hinten, die Handflächen weisen nach außen.

– Ausatmend entläßt Du den Atem, und Du unterstützt diesen Vorgang, indem Du die Arme nach vorn führst und einen runden Rücken machst. Der Brustraum wird dadurch verengt.

– Einatmend empfängst Du den Atem, und Du unterstützt diesen Vorgang, indem Du die Arme nach hinten führst und Deine Brust bewußt weitest, Raum schaffst für den Atem.
– max. 5mal, dann ausruhen und nachspüren.
– Anschließend kannst Du die Übung noch einmal wiederholen.

Kommentar:

Mit einer solchen Atemübung machen wir uns „Selbstverständlichkeiten" bewußt. Natürlich schaffen wir Raum, weiten wir uns und richten wir uns auf, um den Atem zu empfangen. Natürlich beengen wir diesen Atemraum erst dann, wenn wir den Atem entlassen. Diese Atemübung regt Herz und Kreislauf an. Darüber hinaus fördert sie die Konzentrationsfähigkeit.

7. Übung: „Meditative Atemübung im aufrechten Stand"[8]

Übungsdauer: je Variante (Phase) etwa 1 bis 2 Minuten

- Stell Dich entspannt aufrecht hin.
- Die Füße sind etwa beckenbreit auseinander, die Arme hängen locker an den Seiten.

a)
- Atme ruhig und regelmäßig und schließe die Augen.
- Spür Dich in Deine Hände ein.
- Einatmend kehrst Du die Handinnenflächen nach vorne,
- ausatmend kehrst Du sie wieder den Oberschenkeln zu.

- Einatmend öffnest Du Dich nach außen,
- ausatmend kehrst Du wieder zu Dir zurück.
- max. 5mal, dann pausieren und im aufrechten Stand nachspüren.

b)
- Einatmend kehrst Du die Handinnenflächen nach vorne, und zugleich hebst Du die ausgestreckten Arme über die Seiten über den Kopf, bis sich die Handinnenflächen berühren.

---

[8] Vgl.: Anneliese Harf, „Yoga-Praxis", S. 147ff.

- Ausatmend läßt Du die Arme über die Seiten wieder nach unten sinken und kehrst die Handinnenflächen wieder Deinen Oberschenkeln zu.

- Mache einen „normalen Zwischenatem", und dann wiederholst Du diese Übung noch einmal:
- Atme ruhig und regelmäßig.
- Atem und Bewegung sind eins.
- Versuche, während dem Ein- und während dem Ausatem über die Fingerspitzen hinaus zum Boden, zu den Wänden und zur Decke zu spüren.
- Wiederhole die Übung max. 4mal, immer mit einem „Zwischenatem" dazwischen.
- Im aufrechten Strand und mit geschlossenen Augen nachspüren. Wie wirkt sich diese Haltung auf Dich aus?

Kommentar:

Übungen, die Atmung und Bewegung miteinander verbinden, sind sehr harmonisierend und zugleich anregend. Wir erreichen über den Atem unsere Welt der Gefühle, über die Konzentration unsere mentale Welt und über die Bewegung unseren physischen Körper, und alle drei Ebenen werden aufeinander abgestimmt und harmonisiert. So etwas ist keine Selbstverständlichkeit! Wie oft kommt es vor, daß wir auf unseren Atem überhaupt nicht achten, bestimmte Bewegungen achtlos und rein mechanisch ausführen und mit unseren Gedanken ganz woanders sind?

V. Raus mit dem Ärger – Ventile schaffen

Schule und Alltag konfrontieren uns häufig mit „ärgerlichen" Situationen. Das Gefühl „Ärger" macht uns Mißstände bewußt. Ärger zeigt uns, daß „etwas nicht stimmt", daß „etwas nicht so ist, wie wir es uns wünschen oder für richtig halten". Unser ganzer Körper reagiert darauf: der Hormonspiegel verändert sich, Herzrhythmus und Atmung beschleunigen sich. So mancher wird „rot vor Wut" oder „weiß vor Zorn". Ärger ist eine Emotion, die sich in unserer Stimme, in unserem Gesichtsausdruck, im Ausdruck unserer Augen und in der gesamten Körpersprache äußert. Aber nicht immer ist es möglich, seinem Ärger „freien Lauf" zu lassen. Oft genug müssen wir unseren Ärger „hinunterschlucken", oder meinen, es zu müssen.

Machen wir uns doch zunächst eines bewußt: Ich habe Ärger, aber ich bin nicht mein Ärger! Ärger kommt und geht – ich bleibe! Es ist wichtig, sich nicht mit „seinem" Ärger zu identifizieren. Ich bin nicht ein schlechterer Mensch, weil ich mich ärgere und dies auch zeige. Ich bin aber auch nicht ein „besserer" Mensch, weil ich mich nicht ärgere bzw. meinen Ärger nicht zeige. Aber mein Ärger macht mir bewußt, daß etwas anders ist, als ich es erwartet habe oder mir wünsche. Und ich kann lernen, mit diesem Gefühl „Ich ärgere mich" kreativ umzugehen. Ich kann meinen Ärger so kreativ zum Ausdruck bringen, daß andere mich verstehen, daß andere bereit sind, mir zuzuhören und auf mich einzugehen, weil ich sie nicht verletze.

Diese Bereitschaft, seinen Ärger als Hinweis dafür zu nehmen, daß wir uns in einer unerwünschten Situation befinden, und die Fähigkeit, kreativ und nicht destruktiv-verletzend an einer Veränderung der betreffenden „ärgerlichen Situation" mitzuarbeiten, entwickeln wir aber nur, wenn wir uns nicht mit unserem Ärger identifizieren. Wenn wir kein schlechtes Gewissen entwickeln, weil „wir uns ärgern" und „Ärger machen".

Aber es gibt auch Situationen, in denen es tatsächlich unmöglich oder sehr schwierig ist, seinen Ärger zu artikulieren:
Junge Eltern, deren neugeborenes Baby nun die vierte Nacht durchschreit, sind hin- und hergerissen zwischen Sorge und Ärger um und über ihren Sprößling und ihrer Müdigkeit. Aber wohin mit den Gefühlen?
Schüler, die sich von einem Lehrer ungerecht behandelt fühlen, weil er ihnen eine schlechtere Note als erwartet gegeben hat, und die nun das

Gefühl haben, gegen eine „Mauer" anzulaufen, wenn sie um die bessere Note kämpfen. Wohin mit der „ohnmächtigen Wut"?
Lehrer, die sich auf eine Stunde ganz besonders vorbereitet haben, und nun auf völlig desinteressierte Schüler treffen. Wohin mit der Enttäuschung?

Im Volksmund sagen wir so schön: „Ich ärgere *mich!*". Und genau so ist es auch. *Wir* ärgern *uns!* Wir müssen „unseren Ärger" nicht unbedingt hinunterschlucken, solange, bis wir „zum Platzen voll" sind, und der berühmte Tropfen „das Faß zum Überlaufen" bringt. Wir können den Ärger und die damit verbundene Anspannung bewußt loslassen. Das heißt nicht, daß wir uns um die „ärgerliche Angelegenheit" nicht mehr kümmern, sondern, daß wir akzeptieren, daß es im Moment offenbar nicht möglich ist, etwas daran zu ändern. Wir akzeptieren zunächst unabänderliche Situationen und gehen mit uns auf gesunde und liebevolle Art und Weise um: Wir schaffen ein Ventil für das, was „uns drückt", wir erleichtern uns und verhindern so, daß uns der Ärger innerlich „auffrißt".
Wir können beschließen, „uns *nicht* zu ärgern", und diesen Ärger rauslassen:

1. Übung: „Die Ha-Atmung"

Übungsdauer: solange die Übung angenehm ist

— Stell Dich aufrecht hin.
— Die Füße sind etwa 1 Meter weit auseinander.
— Und nun hebst Du einatmend die Arme v-förmig über den Kopf, die Hände ballst Du gleichzeitig zu Fäusten – und

— ausatmend beugst Du Dich mit einem lauten „Ha" nach vorn, die Arme schnellen ebenfalls nach vorn, und die Hände werden dabei geöffnet.

— Wiederhole die Übung etwa 3- bis 5mal.
— Mit jedem „Ha" läßt Du alles los, alle Gefühle, allen Ärger, alles, was Dich hindert, Dich ruhig und friedlich zu fühlen.

Die *1. Übung* mit jüngeren Schülern:
Die „Ha-Atmung" wird in den „Holzhacker" umgewandelt. Die Kinder nehmen die Arme nicht v-förmig über den Kopf, sondern umschließen mit der einen Hand die Faust der anderen. Und ausatmend schnellen sie nach vorn. Mit einem oder mehreren lauten „Ha's" wird Holz gehackt – natürlich nicht das Holz gesunder Bäume!

Kommentar:
Diese Übung ist ungeheuer erleichternd und befreiend. Im normalen Alltag gehen wir auch so manches Mal aus einer anspannenden Situation heraus, indem wir uns mit einem Stoßseufzer auf einen Stuhl fallen lassen. „Puh, das hätten wir geschafft!" Wir benutzen hier unbewußt die entspannende Wirkung des Ausatems. Und es

funktioniert, wir fühlen uns besser. In der „Ha-Atmung" machen wir uns diesen Effekt ganz bewußt zunutze und verstärken ihn dadurch in seiner Wirkung. Einatmen hat etwas mit „nehmen" und „festhalten" zu tun, also machen wir einatmend eine Faust. Ausatmen hat etwas mit „geben" und „loslassen" zu tun, also öffnen wir die Faust. Im Einatem sind wir aufgerichtet, Brust- und Atemraum haben genügend Platz, um diesen erfrischenden, regenerierenden Atem in sich aufzunehmen. Ausatmend beugen wir uns nach vorn und entlassen den Atem mit einem (durchaus sehr lauten!) „Ha". Der ganze Körper läßt symbolisch alles los, was uns gerade ärgert und anspannt.

2. Übung: „Der Löwe"

Übungsdauer: sooft es angenehm ist
Diese Übung kommt aus dem Hatha-Yoga und heißt *„simhasana",* was „Löwenhaltung" bedeutet.

– Setz Dich in den aufrechten Fersensitz.
– Die Hände ruhen auf den Knien.
– Ausatmend neigst Du Dich mit dem Oberkörper nach vorn. Gleichzeitig „reißt" Du Deine Augen sehr weit auf, öffnest den Mund und streckst die Zunge weit heraus. Die Finger werden zu „Krallen" gespreizt.

– Einatmend kehrst Du wieder in den „entspannt aufrechten Fersensitz" zurück und spürst nach.
– Du kannst die Übung mehrmals wiederholen.

Kommentar:
Kinder verbinden mit dem „Löwen" auch oftmals ein lautes „Ha". Sie spreizen ihre Finger nicht auf den Knien, sondern gleiten „im Eifer des Gefechts" mit den Händen oft weit nach vorn, bis sie mit den gespreizten Händen den Boden berühren.
Für mich hat der „Löwe" mehrere Phasen. In der ersten Phase erleben sich die Kinder ganz einfach als „wild und gefährlich". Sie lassen ihrer Energie und Kraft freien Lauf. In der zweiten Phase, nachdem sie den „Löwen", wie eben beschrieben, gut mehrere Wochen so geübt haben, wird „der freie Lauf" gebremst. Die Kinder werden dazu angehalten, nun nicht mehr mit den gespreizten Fingern über die Knie hinweg zu gleiten, sondern genau hier innezuhalten. Die Hände bleiben als gespreizte Krallen auf den Knien. Die Augen und der Mund werden natürlich genauso gefährlich weit aufgerissen, und das eventuelle „Ha" kommt genauso gefährlich und wild wie in der ersten Phase! Aber es ist eine Selbstkontrolle da.
Die Kinder lernen hier auf ganz spielerische Art und Weise, daß sie in der Lage sind, ihre Energien und Kräfte zu kontrollieren. Ärger, Wildheit oder Rumbrüllen sind eine sehr kraftvolle Form des Selbstausdrucks. Es gibt Menschen, in der Regel Erwachsene oder ältere Kinder, die Angst vor ihrem Ärger, ihrer Wildheit oder ihrer Aggressivität haben, weil sie befürchten, daß sie sich nicht mehr kontrollieren können. Sie haben

Angst vor ihrer eigenen Kraft, die ein Stück ihrer Lebendigkeit und ihres Willens darstellt. Ich halte es für sehr wichtig, Kindern schon so früh wie möglich ihren freien Ausdruck von Ärger, Aggressivität und Wildheit zu gestatten – an der langen Leine. Die lange Leine halten nicht wir Erwachsenen (Erzieher, Lehrer, Übungsleiter) in der Hand, sondern das Kind selbst. Und ich habe in meinen Gruppen die Erfahrung gemacht, daß gerade durch eine solch simple Übung wie der „Löwe" nicht nur Kinder, sondern auch deren Eltern, Erzieher und Lehrer einen neuen „gesunden" Umgang mit ihrem Ärger und ihrer Kraft gefunden haben. Gesund für sie – und für andere.

Die „Ha-Atmung" und der „Löwe" sind eine Form des Ärgertrainings.

VI. Inneres und äußeres Gleichgewicht

Wenn wir innerlich nicht im Gleichgewicht sind, können wir äußerlich auch keine Gleichgewichtshaltung einnehmen. Sind wir dagegen innerlich ruhig und im Gleichgewicht, fällt uns die Einnahme einer solchen Körperhaltung wesentlich leichter.
Jede Gleichgewichtshaltung konfrontiert uns mit unserem Zustand im eigenen Innern.
Wie wir bereits gesehen haben (vgl. Kap. IV „Der Atem – ein Geschenk des Lebens" und Kap. V „Raus mit dem Ärger – Ventile schaffen"), gibt es einen unmittelbaren Zusammenhang zwischen unserem Atem und unseren Gefühlen. Der Atem spiegelt unsere Gefühle im Innern wider, und wir können mit dem Atem auch die Intensität unserer Gefühle beeinflussen.

1. Vorübung: **„Wir beobachten den Atem in unserer Nase"**

Übungsdauer: etwa 2 bis 3 Minuten, solange es angenehm ist

– Setz Dich entspannt aufrecht hin und schließe die Augen.
– Atme ruhig und regelmäßig.
– Und nun richte Deine Aufmerksamkeit auf Deine Nase.
– Beobachte Deinen Atem in der Nase, wie er kommt und geht.
– Beobachte, ohne einzugreifen und ohne zu werten.
– Der Einatem ist etwas kühler als der Ausatem.
– Sitze ganz still und atme.
– Es gibt jetzt nichts Wichtigeres als das!
– Beobachte, wie beruhigend sich dieser ruhige Atem und die Konzentration darauf auf Deine Gedanken und Gefühle auswirken.

Kommentar:
Die Konzentration auf den Atem bewirkt, daß Gedanken und Vorstellungen, die mit dieser Übung nichts zu tun haben, zurückgestellt werden. Wir atmen ruhig und regelmäßig, und nichts ist jetzt wichtiger als das!

Es gilt, auch während der folgenden Gleichgewichtshaltungen diesen ruhigen Atem zu bewahren! Auf diese Weise können wir unser inneres
Gleichgewicht stabilisieren.

2. Vorübung: „Der feste Boden unter unseren Füßen"

Übungsdauer: etwa 1 bis 2 Minuten

– Stell Dich entspannt aufrecht hin und schließe
  die Augen.
– Lebe Dich in Deine Füße ein. Fühlst Du den
  Bodenkontakt unter Deinen Füßen?
– Beide Füße haben Bodenkontakt. Die Erde
  trägt Dich.
– Mach Dir deutlich, daß Du aus diesem *bewuß-
  ten Gewahrwerden* des festen Bodens
  Sicherheit und innere Stabilität beziehst.
– Und nun stell Dir vor, jemand kommt und zieht
  Dir ganz einfach den Boden (den Teppich, die
  Decke) unter Deinen Füßen weg.
– Mach Dir bewußt, welche Gefühle diese Vor-
  stellung in Dir auslöst, und stell Dir vor, wie der
  Körper in einer solchen Situation reagiert.
– Und nun mach Dir wieder den festen Halt
  unter Deinen Füßen bewußt,
– atme tief aus und ein und öffne Deine Augen.

Kommentar:

Der feste Boden unter unseren Füßen gibt uns
Halt und innere Sicherheit. Im täglichen Leben
ist uns das nicht immer bewußt, wenn wir aber in
Situationen kommen, die uns stark verunsi-
chern, so sprechen wir davon, daß „wir das
Gefühl hatten, der Boden unter uns gibt nach"
oder „auf schwankendem Grund zu stehen".

Sicherheit, Vertrauen und inneres Gleichgewicht
hängen eng mit dem bewußten Gewahrwerden
des festen Bodens unter uns zusammen (vgl.
Teil II, Kap.III „Selbstvertrauen kann man lernen
– der feste Boden unter unseren Füßen").

Das, was Gleichgewichtshaltungen zu einer
Herausforderung für unser inneres und äußeres
Gleichgewicht macht, ist die Tatsache, daß wir in
einer solchen Körperhaltung auf den gewohnten
festen Halt unter uns verzichten. Wir haben nur
noch mit einem Bein oder mit den Zehenballen
und Zehen Bodenkontakt. Unser gewohnter
Bodenkontakt wird reduziert, und wir reagieren
darauf mit einer gewissen inneren Instabilität
und Unsicherheit.

Wenn wir aber lernen, diesen „reduzierten"
Bodenkontakt ganz „auszukosten", uns ganz
darauf zu verlassen und dabei ruhig und regelmäßig zu atmen, kommen wir dem „Geheimnis"
der Gleichgewichtshaltungen auf die Spur.

3. Vorübung: „Konzentration auf einen Punkt"

Übungsdauer: etwa 1 bis 2 Minuten, solange es
angenehm ist

– Setz Dich entspannt aufrecht hin.
– Und nun fixiere an der gegenüberliegenden
  Wand in Augenhöhe einen festen Punkt.
– Atme ruhig und regelmäßig.
– Deine Konzentration ist ganz auf den Punkt
  gerichtet. Nichts ist wichtiger als das.
– Du mußt Deine Augen nicht gewaltsam lange
  auflassen. Gib dem natürlichen Schließreflex
  Deiner Augenlider ruhig nach, aber achte dar-
  auf, daß Dein Blick nicht abschweift.

- Deine Grundhaltung ist achtsam-entspannt.
- Alle Gedanken, Bilder und Erinnerungen, die mit dieser Übung nichts zu tun haben, stellst Du zurück.
- Wenn es Dir eine ganze Minute lang gelingt, Dich mit den Augen und mit Deinem Bewußtsein auf den Punkt zu konzentrieren, dann ist das ein großer Erfolg.

Kommentar:

Wer schon einmal mit Menschen zu tun hatte, die unter großen psychischen und mentalen Belastungen leiden, weiß, daß sie oftmals sehr „unruhige" Augen haben. Ihre Augen wandern ebenso ruhelos wie ihr ruheloser Geist. Indem wir unseren Blick auf einen festen Punkt (oder Gegenstand) fixieren, halten wir nicht nur unsere Augen fest, sondern auch unsere Gedanken.

Mit das Schwierigste in einer Gleichgewichtshaltung sind die destruktiven Gedanken: „Ich falle bestimmt!" oder „Ich schaffe das nie!" In Verbindung mit der Konzentration auf einen festen Punkt in Augenhöhe vor und während einer Gleichgewichtshaltung lernen wir, solche destruktiven Gedanken fernzuhalten und sie durch positive Grundhaltungen zu ersetzen.

Ein „ruhiger und regelmäßiger Atem", der bis in die Bauchregion fließt, das „bewußte Gewahrwerden des festen Bodens unter unseren Füßen" und eine „gute Konzentration" sind also die wesentlichen Voraussetzungen zur Durchführung der Gleichgewichtshaltungen. Umgekehrt zeigt uns die Gleichgewichtshaltung, je nachdem, ob und wie sie uns gelingt, wie es um unseren „ruhigen Atem", den „festen Halt unter und in uns" und mit unserer Konzentrationsfähigkeit bestellt ist. Mit den Gleichgewichtshal-tungen trainieren wir diese Fähigkeiten und erhalten sofort eine unmittelbare Rückmeldung über uns.

4. Vorübung: „Die Kraft der Visualisation"

Übungsdauer: solange Du zur Visualisation einer bestimmten Körperhaltung benötigst

- Wenn Du eine Gleichgewichtshaltung im „Vierfüßler" oder in der „Hocke" visualisieren möchtest, dann begibst Du Dich am besten in eine aufrecht entspannte Sitzhaltung. Wenn Du eine Gleichgewichtshaltung im Stand visualisieren willst, dann stell Dich dabei entspannt aufrecht hin.
- Schließe Deine Augen und atme ruhig und regelmäßig.
- Und nun stell Dir in allen Einzelheiten vor, daß Du die bestimmte Gleichgewichtshaltung ausführst. Visualisiere Dich in der Übung „Schritt für Schritt", also nicht nur in der Endhaltung, sondern wie Du sie langsam einnimmst.
- Visualisiere Dich in der Endhaltung, vollkommen im Gleichgewicht, ruhig und regelmäßig atmend.
- Und anschließend löst Du die Haltung in der Visualisation auch wieder „Schritt für Schritt" auf und spürst nach.

Kommentar:

Eine solche Visualisationsübung ist sinnvoll, *bevor* die Gleichgewichtshaltung eingenommen wird.

Mit Visualisationsübungen bereiten wir Geist und Körper auf eine ganz bestimmte Aufgabe vor. Wir geben eine Art „Input" an das Gehirn, welches sofort darauf reagiert und bereits feinste Nervenimpulse an die beteiligten Organe und Muskeln abgibt. Es hat sich im Leistungssport gezeigt, daß solche Visualisationsübungen, verbunden mit der Vorstellung, daß die Leistung erreicht wird, die individuellen Leistungen des einzelnen enorm verbessern und stabilisieren.

Man kann die Kraft der Visualisation (der ganz individuellen und momentanen Konzentrationsfähigkeit in der Visualisation) auch auf die Probe stellen und zuerst die Gleichgewichtshaltung ohne zu visualisieren ausführen und anschließend mit Visualisation, um dann vergleichen zu können.

Aber auch das Visualisieren einer problematischen Situation, einer Prüfung beispielsweise, oder eines Gespräches mit einem Lehrer, Kollegen oder Vorgesetzten, vor dem wir Angst haben, hilft, uns auf diese Situation optimal vorzubereiten. Natürlich visualisieren wir die betreffende Situation so, wie wir uns ihren Verlauf wünschen. Wir stellen uns beispielsweise vor, daß der oder die andere uns wirklich zuhört, nicht dazwischenredet, ein freundliches Gesicht macht und Verständnis für uns zeigt. Wir stellen uns auch vor, was wir sagen, und wie wir es sagen. Wir stellen uns vor, daß wir in dieser Situation ruhig und gelassen bleiben können.

1. Übung: „Gleichgewichtshaltung im Vierfüßler"

Übungsdauer: je nach Belastbarkeit variabel (vgl.: Teil I, Kap. III „Anregende entspannende Körperübungen", 11. Übung „Die Katzenreihe").

– Die Ausgangshaltung ist der „Vierfüßlerstand" – „Katzenhaltung".
– Das Körpergewicht wird gleichmäßig auf Hände und Knie verteilt.
– Die Hände sind schulterbreit und die Knie beckenbreit auseinander. Der Abstand zwischen den Händen und den Knien entspricht der Größe Deines Oberkörpers.
– Mach Dir den festen Halt unter Deinen Händen und den Knien (Unterschenkeln, Fußrücken) bewußt und atme ruhig und regelmäßig.
– Fixiere einen festen Punkt, etwa 1,5 Meter vor Dir am Boden.

a)
– Einatmend löst Du nun das rechte Knie vom Boden und streckst das Bein weit nach hinten aus,
– atme ruhig und regelmäßig weiter,
– mit dem nächsten Einatem hebst Du nun diagonal den linken Arm an und streckst ihn weit nach vorne aus.
– Atme ruhig und regelmäßig weiter.
– Werde Dir des festen Halts unter Deinem linken Knie (Unterschenkel, Fußrücken) und unter Deiner rechten Hand bewußt.
– Fixiere weiterhin mit den Augen den festen Punkt am Boden vor Dir.
– Gestatte Dir einen ruhigen Atem, einen festen Halt und eine positive Grundhaltung, den Glauben an Dich und daß Dir diese Gleichgewichtshaltung gelingt.
– Wenn Du die Haltung auflösen möchtest, dann senke ausatmend zunächst den linken Arm und dann das linke Bein.
– Spüre im Vierfüßler nach und wiederhole die Übung mit der anderen Seite.

b)
– Gehe wieder in dieselbe Gleichgewichtshaltung wie a).

- Wenn Du Dich gut im Gleichgewicht befindest, führst Du ausatmend den linken Arm über die Seite nach hinten, gleichzeitig winkelst Du das rechte Bein an. Umfasse mit der linken Hand Dein rechtes Fußgelenk.
- Dabei wird das rechte Bein etwas nach oben gezogen.
- Fühlst Du die Dehnung im rechten Oberschenkel?
- Ist Dein Knie höher als Dein Gesäß?
- Atme ruhig und regelmäßig weiter.
- Bleibe Dir des festen Halts unter Deinem linken Knie (Unterschenkel, Fußrücken) und unter Deiner rechten Hand bewußt.
- Fixiere weiterhin mit den Augen den festen Punkt am Boden vor Dir.
- Gestatte Dir einen ruhigen Atem, einen festen Halt und eine positive Grundhaltung, daß Dir diese Gleichgewichtshaltung gelingt!
- Wenn Du die Haltung auflösen möchtest, dann löse die Hand vom Fußgelenk, führe den Arm langsam wieder über die Seite nach vorne und senke ausatmend zunächst den linken Arm und dann das rechte Bein.
- Spüre im Vierfüßler oder in einem aufrechten Sitz nach.
- Wie war der Atem während der Übung, und wie ist er jetzt?
- Konntest Du ruhig und regelmäßig atmen?
- Welche Gedanken hattest Du? Und wie haben sich Deine Gedanken auf die Haltung ausgewirkt?
- Wiederhole die Übung mit der anderen Seite.

c)
- In einer weiteren Variante umfaßt Du zunächst mit der linken Hand den rechten Fuß, und dann richtest Du den Blick nun nicht mehr auf einen festen Punkt am Boden vor Dir, sondern

Du schaust über die linke Schulter zurück. Du fixierst Deinen Blick auf die Hand und das Fußgelenk. Du hältst Dich sozusagen „mit den Augen an Dir selbst fest"!

- Löse die Haltung wie oben langsam und im Ausatem auf und spüre nach.
- Wiederhole die Übung nach der anderen Seite.

Die *1. Übung* mit jüngeren Schülern:
Wir sind eine Zirkuskatze, die Kunststückchen gelernt hat.

Kommentar:
Neben den Vorteilen, die alle Gleichgewichtshaltungen für die Konzentrationsfähigkeit und Stabilität des inneren Gleichgewichts haben, kräftigen diese besonders die Rückenmuskulatur und fördern eine gesunde Körperhaltung.

Gleichgewichtshaltungen im aufrechten Stand

2. Übung: **„Der Zehenstand"**

Übungsdauer: 20 bis 60 Sekunden

a)
- Stell Dich entspannt aufrecht hin.
- Die Arme hängen locker an den Seiten.

- Atme ruhig und regelmäßig und fixiere einen festen Punkt in Augenhöhe an der gegenüberliegenden Wand.
- Einatmend führst Du beide Arme über den Kopf, die Handflächen berühren sich.
- Atme ruhig und regelmäßig weiter.
- Mit dem nächsten Einatem kommst Du hoch in den Zehenstand.
- Atme ruhig und regelmäßig weiter.
- Mit jedem Einatem dehnst Du Dich etwas mehr nach oben.
- Wenn Du die Haltung auflösen möchtest, so nimmst Du zunächst ausatmend die Hände in Gebetshaltung vor die Brust,
- mit dem nächsten Ausatem stellst Du Dich wieder auf die ganzen Füße und läßt die Arme locker an die Seiten sinken.
- Spüre mit geschlossenen Augen nach.
- Wie fühlen sich Deine Füße an?
- Konntest Du das Gleichgewicht halten?
- Wie war Dein Atem während der Gleichgewichtshaltung, und wie ist er jetzt?
- Gibt es einen Zusammenhang zwischen der Art Deiner Gedanken und wie Dir die Gleichgewichtshaltung gelungen ist?
- Bist Du mit Dir zufrieden?
- Wie gehst Du mit Dir um, wenn Dir die Gleichgewichtshaltung nicht gelungen sein sollte?
- Versuche, auch die kleinen Erfolge zu sehen.

b) Variante: **„Aus dem Hocksitz in den Zehenstand"**

Übungsdauer: insgesamt etwa 30 bis 60 Sekunden

- Gehe in den „Hocksitz": Du sitzt in der Hocke, die Füße sind dabei entweder geschlossen bis

beckenbreit auseinander, die Oberschenkel verlaufen parallel zum Boden, der Rücken ist aufrecht.

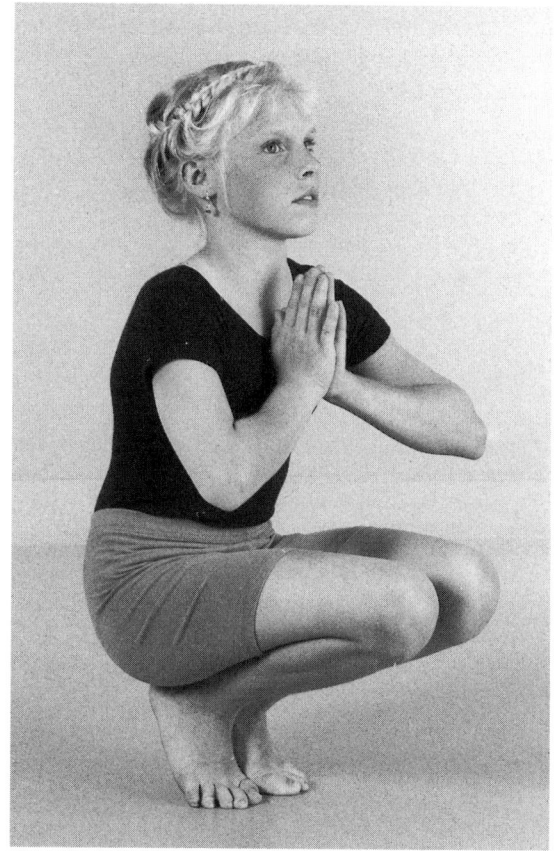

Aus dem „Hocksitz" ...

- Nimm die Hände in Gebetshaltung vor die Brust und atme ruhig und regelmäßig.
- Fixiere einen festen Punkt in Augenhöhe an der gegenüberliegenden Wand.
- Und nun führst Du die Arme einatmend über den Kopf, Handflächen berühren sich.

... in den „Zehenstand"

- Atme ruhig und regelmäßig weiter.
- Mit einem der nächsten Einatemzüge drückst Du die Knie durch und kommst hoch in den Zehenstand. Fixiere sofort einen neuen festen Punkt in Augenhöhe an der gegenüberliegenden Wand.
- Atme ruhig und regelmäßig.

- Wenn Du die Haltung auflösen möchtest, so nimmst Du zunächst ausatmend die Hände in Gebetshaltung vor die Brust,
- mit dem nächsten Ausatem stellst Du Dich wieder auf die ganzen Füße und läßt die Arme locker an die Seiten sinken.
- Spüre mit geschlossenen Augen nach.
- Wie fühlen sich Deine Füße an?
- Konntest Du das Gleichgewicht halten?
- Wie war Dein Atem während der Gleichgewichtshaltung, und wie ist er jetzt?
- Gibt es einen Zusammenhang zwischen der Art Deiner Gedanken und ob und wie Dir die Gleichgewichtshaltung gelungen ist?
- Bist Du mit Dir zufrieden?
- Wie gehst Du mit Dir um, wenn Dir die Gleichgewichtshaltung nicht gelungen sein sollte?
- Versuche, auch die kleinen Erfolge zu sehen.

Kommentar:
Neben den Vorteilen, die alle Gleichgewichtshaltungen für die Konzentrationsfähigkeit und Stabilität des inneren Gleichgewichts haben, kräftigen diese und die nachfolgende Übung besonders die Füße.

3. Übung: „Gleichgewichtshaltung auf einem Bein"

Übungsdauer: 20 bis 60 Sekunden

- Stell Dich aufrecht hin.
- Atme ruhig und regelmäßig.
- Beide Füße haben noch Bodenkontakt. Lebe Dich ganz in Deine beiden Füße ein, und werde Dir des festen Halts unter Deinen Füßen gewahr.

- Fixiere einen festen Punkt in Augenhöhe an der gegenüberliegenden Wand.
- Verlagere nun Dein Gewicht etwas mehr auf den rechten Fuß und das rechte Bein. Sie werden Dein Gewicht tragen.
- Und nun löse den linken Fuß vom Boden, indem Du das Bein leicht anwinkelst.
- Du stehst nun auf einem Bein.

- Atme weiterhin ruhig und regelmäßig. Du kannst die Arme als Gleichgewichtshilfe benutzen.
- Wenn Du die Haltung auflösen möchtest, so nimm zunächst ausatmend die Arme wieder entspannt an die Seiten, dann setzt Du den linken Fuß wieder auf die Erde auf und spürst nach.
- Konntest Du das Gleichgewicht halten?
- Wie war Dein Atem während der Gleichgewichtshaltung, und wie ist er jetzt?
- Wiederhole die Übung mit dem anderen Bein.

Die *3. Übung* mit jüngeren Schülern:
Die Kinder verwandeln sich in einen „Storch", der auf einem Bein hüpft und steht.

4. Übung: „Die Baumhaltung"

Übungsdauer: 20 Sekunden bis 2 bis 3 Minuten, je nach Übungspraxis

Diese Haltung kommt aus dem Hatha-Yoga und heißt *„vrksasana"*, was „Baumhaltung" bedeutet.

- Stell Dich entspannt aufrecht hin.
- Die Arme hängen entspannt an den Seiten.
- Atme ruhig und regelmäßig.
- Beide Füße haben noch Bodenkontakt. Lebe Dich ganz in Deine beiden Füße ein und werde Dir des festen Halts unter Deinen Füßen gewahr.
- Fixiere einen festen Punkt in Augenhöhe an der gegenüberliegenden Wand.
- Verlagere nun Dein Gewicht etwas mehr auf den rechten Fuß und das rechte Bein. Sie werden Dein Gewicht tragen.
- Stell Dir vor, Dein rechter Fuß schlägt regelrecht Wurzeln in die Erde.
- Winkle das linke Bein an und stelle den linken Fuß gegen Deinen rechten Oberschenkel. Das linke Knie weist nach außen. (Du kannst den linken Fuß auch gegen Dein rechtes Knie oder auf Deinen rechten Fuß stellen!)
- Die Hände nimmst Du entweder in Gebetshaltung vor die Brust, oder Du führst die Arme lang ausgestreckt über den Kopf; die Handflächen berühren sich.
- Atme ruhig und regelmäßig.
- Wenn Du die Haltung auflösen möchtest, so nimm zunächst ausatmend die Arme wieder entspannt an die Seiten, dann setzt Du den linken Fuß wieder auf die Erde auf und spürst nach.
- Konntest Du das Gleichgewicht halten?
- Wie war Dein Atem während der Gleichgewichtshaltung, und wie ist er jetzt?
- Gibt es einen Zusammenhang zwischen der Art Deiner Gedanken und ob und wie Dir die Gleichgewichtshaltung gelungen ist?

- Bist Du mit Dir zufrieden?
- Wie gehst Du mit Dir um, wenn Dir die Gleich-
  gewichtshaltung nicht gelungen sein sollte?
- Versuche, auch die kleinen Erfolge zu sehen.
- Wiederhole die Übung mit dem anderen Bein.

Die „Baumhaltung"

Kommentar:
Neben der Förderung von Konzentrationsfähigkeit und Stabilität des inneren Gleichgewichts
kräftigt auch die Baumhaltung die Füße. Wenn
die Hände in Gebetshaltung vor der Brust liegen,
geben sie starke Impulse des „Sich-sammelns"
und „Sich-zentrierens". Ich habe die Erfahrung
gemacht, daß „MCD-Kinder" mit starken Gleich-
gewichtsstörungen auf diese Haltung ausgesprochen gut reagieren.

Bitte beachten:
Menschen mit Störungen des venösen Rückflusses sollten die beiden Füße übereinander-
stellen und nicht den Fuß des angewinkelten
Beins gegen das andere Bein!

5. Übung: „Die Standwaage"

Übungsdauer: 20 bis 40 Sekunden
Diese Haltung kennt man auch im Hatha-Yoga
unter dem Namen *„virabhadrasana"*, was übersetzt „Heldenhaltung" bedeutet.

- Stell Dich entspannt aufrecht hin.
- Die Arme hängen entspannt an den Seiten.
- Atme ruhig und regelmäßig.
- Beide Füße haben noch Bodenkontakt. Lebe
  Dich ganz in Deine beiden Füße ein und
  werde Dir des festen Halts unter Deinen
  Füßen gewahr.
- Verlagere nun Dein Gewicht etwas mehr auf
  den rechten Fuß und das rechte Bein. Sie wer-
  den Dein Gewicht tragen.
- Einatmend führst Du beide Arme lang ausge-
  streckt über den Kopf. Die Handflächen wei-
  sen nach vorne, Daumen verhaken.

- Ausatmend neigst Du Dich mit geradem Rükken aus der Leiste heraus nach vorn, gleichzeitig löst Du den linken Fuß vom Boden.
- Dein Kopf bleibt zwischen den Oberarmen.

- Fixiere einen festen Punkt in Augenhöhe auf dem Boden unter Dir und atme ruhig und regelmäßig.
- Arme, Rumpf und linkes Bein bilden eine gerade Linie parallel zum Boden unter Dir.
- Wenn Du die Haltung wieder auflösen möchtest, so richte Dich zunächst wieder einatmend auf und stell Dich auf beide Füße.
- Mit dem nächsten Ausatem läßt Du die Arme sinken, schließt die Augen und spürst nach.

- Konntest Du das Gleichgewicht halten?
- Wie war Dein Atem während der Gleichgewichtshaltung, und wie ist er jetzt?
- Gibt es einen Zusammenhang zwischen der Art Deiner Gedanken und ob und wie Dir die Gleichgewichtshaltung gelungen ist?
- Bist Du mit Dir zufrieden?
- Wie gehst Du mit Dir um, wenn Dir die Gleichgewichtshaltung nicht gelungen sein sollte?
- Versuche, auch die kleinen Erfolge zu sehen.
- Wiederhole die Übung mit dem anderen Bein.

Kommentar:
Diese Übung gehört zu den schwierigen Gleichgewichtshaltungen. Du kannst Dir am Anfang einen festen Tisch oder einen anderen Halt (Partner) wählen (vgl. Teil II, Kap. IV „Soziales Verhalten").

VII. „Phantastische Übungen", „Phantasiereisen" und „Meditation"

In der Einleitung habe ich bereits versucht, die Vorteile einer „phantastischen Übung", der „Phantasiereise" und der „Meditation" in Bezug auf das Lernen aufzuzeigen. Kraft solcher Übungen laden wir unsere beiden Hirnhemisphären zur kreativen Zusammenarbeit ein, bewegen uns in Richtung „ganzheitlichen Lernens".
Wir können uns in den Phantasiereisen bequem hinsetzen oder auch hinlegen. Zur Durchführung der „phantastischen Übungen" und für die „Meditation" empfehle ich eine entspannt aufrechte Sitzhaltung. Wichtig ist, daß uns keine Störquellen in uns und um uns herum an der Erfahrung und Entfaltung der inneren Weisheit und Bilderwelt hindern. Störquellen von außen können eine unruhige Geräuschkulisse, das Läuten des Telefons, ein unbequemer Stuhl, ein zu kühler (warmer, schlecht belüfteter) Raum oder beengende Kleidung sein. Störquellen im eigenen Innern können Muskelverspannungen sein oder

quälende Gedanken. Durch welche Übungen wir diese Probleme im Vorfeld lösen oder mindern können, wurde in den vorhergehenden Kapiteln besprochen. Um die Entspannungsfähigkeit und Entfaltung der inneren Bilderwelt zu unterstützen, können wir leise meditative oder auch klassische Musik (z.B. Vivaldi, Mozart) benutzen.

Wenn Du möchtest, kannst Du Dir die folgenden Texte zu den Übungen zunächst auf Band sprechen und es Dir dann vorspielen. Achte auf eine getragene, ruhige Stimme, sprich langsam und deutlich und lege Pausen ein („Gedankenstrich" und „neue Zeile"), damit Deine innere Welt und Phantasie sich langsam und kontinuierlich entfalten kann.

Phantastische Übungen
und Phantasiereisen

1. Übung: „Wir malen mit unserem Atem die Schule bunt an"

Übungsdauer: etwa 5 Minuten und auch länger

- Setz Dich entspannt aufrecht hin und schließe Deine Augen.
- Atme ruhig und regelmäßig (durch die Nase).
- Beobachte Deinen Atem, wie er kommt und geht.
- Was ist Deine Lieblingsfarbe oder Deine Lieblingsfarben?
- Und nun stell Dir vor, daß der Ausatem Deine Lieblingsfarbe(n) trägt.
- Mit jedem Ausatem entläßt Du die Farben Deiner Wahl.

- Einatmend nimmst Du reine klare Luft in Dich auf.
- Und nun stell Dir die Schule vor. Wie würdest Du sie anmalen?
- Mal mit Deinem Atem die Schule bunt an!
- Du kannst weiterhin durch die Nase ein- und ausatmen. Du kannst aber auch durch den Mund ausatmen und Dir dabei vorstellen, daß Du, wenn Du Deinen Mund spitzt, feine Farbstriche machst, und mit weit geöffnetem Mund entsprechend breite Farbstriche.
- Achte auf einen ruhigen und regelmäßigen Atem.

Anschließend kannst Du die Schule, so, wie Du sie Dir gerade eben vorgestellt hast, „richtig" auf ein Blatt Papier malen.

2. Übung: „Wir malen mit unserem Atem unsere(n) Lehrer(in) bunt an"

Übungsdauer: etwa 5 Minuten und auch länger

- Setz Dich entspannt aufrecht hin und schließe die Augen.
- Atme ruhig und regelmäßig (durch die Nase).
- Beobachte Deinen Atem, wie er kommt und geht.
- Und nun stell Dir das Gesicht Deines Lehrers vor.
- Stell Dir vor, wie Du es mit Deinem Atem bunt anmalst.
- Ausatmend entläßt Du einen farbigen Atem, einatmend nimmst Du reine, klare Luft in Dich auf.
- Du kannst weiterhin durch die Nase ein- und ausatmen. Du kannst aber auch durch den

Mund ausatmen und Dir dabei vorstellen, daß Du, wenn Du Deinen Mund spitzt, feine Farbstriche machst, und mit weit geöffnetem Mund entsprechend breite Farbstriche.
— Atme ruhig und regelmäßig.

3. Übung: „Wir malen mit unserem Atem Bilder"

Übungsdauer: 5 Minuten und länger

— Setz Dich entspannt aufrecht hin und schließe Deine Augen.
— Atme ruhig und regelmäßig (durch die Nase).
— Beobachte Deinen Atem, wie er kommt und geht.
— Und nun stell Dir vor, vor Dir steht eine große, weiße Tafel. Du kannst ein Bild darauf malen.
— Ausatmend entläßt Du einen farbigen Atem, einatmend nimmst Du reine, klare Luft in Dich auf.
— Du kannst weiterhin durch die Nase ein- und ausatmen. Du kannst aber auch durch den Mund ausatmen und Dir dabei vorstellen, daß Du, wenn Du Deinen Mund spitzt, feine Farbstriche machst, und mit weit geöffnetem Mund entsprechend breite Farbstriche.
— Du kannst auch Deinen Kopf bewegen, je nachdem, welche Linien, Kreise oder Kleckse Du gerade malst.
— Atme ruhig und regelmäßig.

Kommentar zur 1., 2. und 3. Übung:[9]
Durch die Konzentration auf den Ausatem (mit dem Ausatem wird gemalt!) wird dieser besonders betont und etwas verlängert. Auf diese Weise werden solche „phantastischen Übungen" auf spielerische Weise zu einem „Ausatemtraining". Nach meiner Erfahrung sind solche Übungen, die die Entwicklung eines langen Ausatems spielerisch fördern, sehr gut für Menschen geeignet, die unter Asthma leiden.

Insgesamt bewirkt die Verbindung von Atemkonzentration und Visualisation Ruhe und Klarheit der Gedanken.

Für Schüler ist es mit Sicherheit ein Spaß, die Schule oder gar einen Lehrer mal bunt anzumalen. In ihren Phantasien tun sie das ohnehin. Nur hier mit „Erlaubnis". Auch das kann sehr zur Entkrampfung und Entspannung des Lehrer-Schüler-Verhältnisses beitragen. In meinen Gruppen mit jungen Schülern erlebe ich immer wieder, daß diese zwar zunächst offenbar vorhatten, den Lehrer irgendwie „greulich" anzumalen. Als es dann aber soweit war, verpaßten sie ihm eine rote Clownsnase und einen großen Mund.

Damit haben sie sich bewußt gemacht, daß sie sich einen solchen fröhlichen „Spaßmacher" als Lehrer wünschen. Aber, sie haben diesen positiven Aspekt (der Clown ist bei Kindern sehr beliebt) offenbar auch bei ihrem Lehrer entdekken oder ihm spielerisch zuschreiben können, was die Kinder selbst im nachhinein überraschte.

Das Malen mit dem Atem ist thematisch unbegrenzt. Wir können einen Regenbogen malen, eine Blumenwiese, Wörter und Zahlen, geometrische Formen, Feen, ein Phantasiegesicht oder ein „Luftschloß" im wahrsten Sinne des Wortes. Wichtig ist, daß es sich grundsätzlich um positive Inhalte handelt. Diese Übungen dienen nicht dazu, bestimmte Probleme in der Welt (Hunger, Krieg usw.) umzusetzen!

---

[9] Vgl.: Klaus Vopel, „Reise mit dem Atem", S.61f.

4. Übung: „Wir verwandeln uns in einen großen starken Baum"

Übungsdauer: 5 Minuten und auch länger

- Setz Dich entspannt aufrecht hin und schließe Deine Augen.
- Atme ruhig und regelmäßig.
- Spüre Deinen Bodenkontakt unter Dir, unter Deinem Gesäß, Beinen und Füßen; Dein Rücken ist gerade und aufrecht, der oberste Punkt des Kopfes weist zum Himmel.
- Und nun stell Dir vor Deinem inneren Auge einen Baum vor. Einen gesunden, großen, starken Baum mit vielen grünen Blättern und auch Früchten. Es ist ein Baum Deiner Wahl.
- Geh in Deiner Phantasie ganz nahe an den Baum heran. Du stehst jetzt direkt vor ihm. – Du kannst die harte Rinde des Baumstammes ganz deutlich vor Dir sehen. Vielleicht siehst Du sogar die vielen kleinen Käfer und Tierchen, die in der Rinde leben.
- Und nun betastest Du die Rinde. Wie fühlt sie sich an?
- Lege Deinen Kopf in den Nacken und schau zum Baum hinauf. Es ist ein großer, schöner Baum.
- Atme seinen Geruch. Wie riecht er?
- Mach Dir bewußt, daß er Tag und Nacht, Sommer und Winter, im Regen und in der Sonne, so stark und aufrecht steht, und seine dicken Äste zum Himmel reckt.
- Lehne Dich an den Baum. Du kannst ihn auch umarmen.
- Und plötzlich merkst Du, Du wirst zu diesem Baum.
- Deine Füße, Beine und das Gesäß sind die festen Wurzeln in der Erde.
- Dein gerader entspannt aufrechter Rücken ist der Stamm.
- Deine Schultern und Arme und Dein Kopf sind die Baumkrone.
- Atme ruhig und regelmäßig.
- Wie fühlst Du Dich als Baum? Wie ist es, ein Baum zu sein?
- Erlebe Dich im Wandel der Jahreszeiten. Wie erlebst Du ihren Wechsel?
- Welche Tiere besuchen Dich?
- Laß Deiner Phantasie freien Lauf!
- Wo stehst Du Baum? – Im Wald? – Oder allein auf einer Wiese?
- Was gibt es noch um Dich herum?
- Du hast 3 Minuten Zeit, das ist lange genug, um Dich als Baum zu erleben.
- Nach 3 Minuten: So, nun beende diese Übung.
- Atme tief ein und aus, und sei wieder Du selbst.
- Du bist ... Nenne Dich ganz leise bei Deinem Namen.
- Du stehst wieder vor dem Baum und schaust ihn an. – Das ist Dein Baum. Du kannst ihn jederzeit wieder besuchen, aber für heute verabschiedest Du Dich von ihm.
- Laß die Vorstellung „Baum" los. Mach Dir bewußt, wo Du bist.
- Du spürst den Boden unter Dir.
- Atme nochmals tief ein und öffne langsam Deine Augen.

Kommentar:

Man kann sich auf eine solche Übung einstimmen, indem man sich zuvor mit dem Samen des betreffenden Baums, etwa einem Apfelkern, einer Nuß oder einer Kastanie befaßt. Und dann stellt man sich vor, man vergräbt diesen Samen in die fruchtbare Erde und läßt in der Phantasie langsam einen Apfel-, Nuß-, oder Kastanienbaum heranwachsen. Oder man stellt sich tatsächlich vor einen „echten" Baum, berührt ihn, beriecht ihn, betrachtet ihn ganz genau und lauscht dem Rauschen seiner Blätter. Und dann versucht man sich den Baum mit den „inneren Augen" vorzustellen und die Melodie seiner Blätter mit den „inneren Ohren" zu hören.

Die Identifikation mit etwas anderem, mit einem Baum, einem Busch, mit einem Stein, einem Apfelkern, einer Wolke oder auch einer Kerze stellt für unser menschliches Bewußtsein zunächst einmal eine gewisse Begrenzung dar. Der Rahmen „Baum" ist festgelegt. Innerhalb dieses Rahmens füllen wir den Raum jedoch mit uns selbst aus, mit unserer Phantasie, unseren Träumen und Befürchtungen. Wir machen als „Baum" eine ganz bestimmte und sehr individuelle Erfahrung. Jeder Mensch erfährt sich ganz anders und sehr persönlich in einer solchen Rolle. Nach einer solchen Übung ist es wichtig, über seine Erfahrungen zu sprechen, um sie noch einmal in das Bewußtsein zu heben. Auf diese Weise integrieren wir diese „phantastischen Erfahrungen" in den bereits vorhandenen Erfahrungsschatz, wir erweitern also unser Bewußtsein.

Ich selbst bevorzuge Wesen aus der Natur, da ich aus meiner Erfahrung mit mir selbst und mit meinen Gruppen (Kinder, Jugendliche und Erwachsene) weiß, daß sich dadurch auch unser Verhältnis zur Natur verbessert. Wir erfahren mehr Nähe und ein innigeres Verhältnis, und diese Erfahrung wirkt sich auch im täglichen Leben und Umgang mit den Schätzen der Natur sehr positiv und bereichernd aus.

5. Übung: „Wir machen eine Reise mit einem wunderschönen bunten Heißluftballon"

Übungsdauer: 5 bis 10 Minuten

- Setz oder leg Dich entspannt hin und schließe die Augen.
- Atme ruhig und regelmäßig.
- Stell Dir vor, Du sitzt oder liegst auf einer grünen Wiese, und plötzlich landet vor Dir ein wunderschöner bunter Heißluftballon. – Der Korb des Ballons steht direkt vor Dir, und Du kletterst hinein. Du freust Dich, denn der Ballon trägt Dich überall hin, wo Du hinmöchtest.
- Du beschließt, daß Du Dir gerne einmal Euer Haus, die Gegend, wo Du wohnst, also auch die Straße und die Stadt (Dorf), von oben ansehen möchtest.
- Wenn Du ganz langsam bis drei zählst, fliegt der Ballon los.
- Eins – zwei – und drei!
- Der Heißluftballon steigt ganz langsam in die Luft, und der Korb hebt langsam vom Boden ab.
- Er gleitet und schwebt ganz sacht. Du stehst fest, Du kannst Dich am Korbrand gut festhalten.
- Atme ruhig und regelmäßig die klare, saubere Luft um Dich herum.
- Neben Dir fliegt plötzlich ein kleiner Vogel. Er schaut Dich neugierig aus seinen runden Äuglein an. – Lade ihn ein, doch mit Dir zu fliegen. Auf Deinem Korb ist genug Platz.
- Und nun schaust Du vorsichtig über den Korbrand nach unten.
- Unter Dir ist Dein Haus, da, wo Du wohnst.
- Sieh nur, wie klein alles ist.

- Sieh die Straße und die kleinen Autos und Menschen. Kannst Du Deine Freunde, Deine Eltern oder Nachbarn erkennen?
- Beobachte sie von oben. Was tun sie?
- Und nun beschließt Du, noch schnell zu dem Haus Deines besten Freundes (der besten Freundin) zu fliegen. – Was erlebst Du hier?
- So, für heute ist es genug.
- Dein bunter Heißluftballon landet wieder, wenn Du rückwärts von drei zu eins zählst.
- Drei – zwei – eins!
- Der Ballon senkt sich wieder und mit ihm der Korb. Ihr landet genau da, von wo Du losgeflogen bist!
- Du spürst wieder den festen Boden unter Dir – atmest etwas tiefer – reckst und streckst und dehnst Dich – und öffnest langsam wieder Deine Augen.
- Du bist wieder da! – Was hast Du alles gesehen oder erlebt?

Kommentar:

Aus der Vogelperspektive, von hoch oben, verschaffen wir uns einen gewissen Überblick, wir sehen mehr, und alles sieht auch kleiner aus als sonst.

Wir können uns diesen Effekt zunutze machen, wenn wir (oder ein Kind) Angst vor etwas haben. Angst läßt uns selbst kleiner und die problematisierte angsteinflößende Situation größer erscheinen, als sie ist. Eine solche Phantasieübung kann beispielsweise einem Kind helfen, welches aus irgendeinem Grund ins Krankenhaus muß und Angst davor hat. Es kann sich das Krankenhaus (den Arzt und seine Praxis, die Schule, den Kinderhort) von oben anschauen. Aus der Vogelperspektive wird alles kleiner, auch die Angst.

Bevor eine solche Übung ausgeführt wird, ist es allerdings unbedingt notwendig, abzuklären, ob dieses Kind (oder bei einer Gruppe: eines der Kinder) Angst vor dem Fliegen hat. In einem solchen Fall sollte die Angst des Kindes respektiert werden, also keine Überredungsversuche! Das Kind braucht diese Übung nicht mitzumachen, wenn es das nicht möchte. – Warum?

Vor einiger Zeit wurde an der Universität in Mainz ein interessanter Versuch mit freiwilligen Versuchspersonen durchgeführt, der zeigte, daß wir auf Phantasievorstellungen körperlich reagieren, als wären sie real. Wir reagieren darauf, obwohl wir genau wissen, daß es sich um eine Phantasie handelt. In diesem Fall legten die Probanden einen Arm lang ausgestreckt auf einen Tisch und stellten sich vor, über die Tischplatte würde eine „dicke, fette, schwarze Spinne" direkt auf ihren Arm zulaufen. Wie die verschiedenen Meßinstrumente eindeutig nachwiesen, reagierte jede der Versuchspersonen in Entsprechung ihrer grundsätzlichen Beziehung zu Spinnen. Es war keine Spinne da, und trotzdem beschleunigte sich der Atem, manche bekamen Herzklopfen oder sogar Angstschweiß, bis hin zu sehr starken Angstreaktionen.

Die Meditation

Es ist oftmals nicht ganz einfach, eine ganz klare Trennungslinie zwischen „Phantasiereise" und „Meditation" zu ziehen. Häufig werden Phantasiereisen eben auch als „gelenkte Meditation" verstanden und umgekehrt.

Wir können die äußere, bunte Welt mit all ihren Reizen und Phänomenen wahrnehmen, und wir können auch unsere Innenwelt mit allen Sinnen erfahren. Wie wir in Phantasiereisen oder im Traum erleben, können wir auch unsere innere Welt sehen, hören, riechen, schmecken und tasten. Über die Tore der Sinne treffen die Buntheit und die Reize der Außenwelt auf unsere Innenwelt, vermischen sich mit ihr, gestalten immer neue Bilder und Eindrücke.

Was wir als Wirklichkeit und Realität wahrnehmen, ist immer subjektiv, nie objektiv, weil sich diese Eindrücke mit unseren Inhalten vermischen. Und deshalb ist es beispielsweise möglich, daß fünf verschiedene Menschen denselben Film auf fünf verschiedene Weisen nacherzählen. Jedem ist etwas anderes ganz besonders wichtig und deshalb im Gedächtnis geblieben.

Meditation heißt „in die eigene Mitte gehen", ergründen und nachforschen, welche Inhalte, welche grundsätzlichen Lebenshaltungen und Erwartungen, welche Wünsche und Ängste unsere ganz persönliche subjektive Wahrnehmung der Welt ausmachen. Meditation heißt in diesem Sinne, sich selbst immer besser und genauer zu studieren, immer tiefer in das eigene Selbst eindringen. Meditation ist keine Weltflucht, denn sie schärft unsere Sensibilität für die Vorgänge im Innern und im Außen. Unsere Sinneswahrnehmung, die Klarheit der Gedanken, die Konzentrationsfähigkeit, das Unterscheidungsvermögen, all das wird trainiert.

6. Übung: „Aufrecht sitzen und atmen"

Übungsdauer: 5 Minuten und auch länger, je nach Übungspraxis

– Setz Dich entspannt aufrecht hin, ohne Dich anzulehnen. Deine Hände liegen locker im Schoß.

– Schließe Deine Augen.
– Atme ruhig und regelmäßig.
– Und nun spüre Dich in Deine Körperhaltung ein.
– Atme und spüre, und achte darauf, daß Du entspannt aufrecht und gerade sitzt.
– Nichts ist jetzt wichtiger als Du und eine aufrechte Körperhaltung, die Dir einen tiefen, ruhigen Atem erlaubt.
– Nach der Übung kannst Du Dich noch einmal recken und strecken und dehnen.

Kommentar:

„Was, so eine einfache Übung soll schon Meditation sein?", mag so mancher nun denken. Die Antwort ist: „Ja, denn Meditation ist die achtsame Beobachtung dessen, was geschieht!"

In unserer Körperhaltung spiegeln sich innere und äußere Einflüsse wider. Eine schlechte Nachricht macht uns depressiv. Wir drücken dies durch eine gebeugte Körperhaltung aus. Streß, die Last des Alltags, läßt uns hektischer atmen und die Schultern verspannen. Dies sind nur einige wenige Beispiele. Wenn wir uns dazu erziehen, *bewußt* entspannt aufrecht zu sitzen, dann heißt das: „Ich nehme mich selbst wichtig!" Dann bedeutet das: „Ich überlasse mein Schicksal nicht mehr den Wechselfällen des Lebens, die mich mal beugen und mal aufrichten, sondern ich nehme mein Schicksal selbst in die Hand. Ich erziehe mich selbst! Ich kümmere mich aktiv um meine körperlich-geistige Gesundheit!" Auf diese Weise schicken wir stärkende und heilende Impulse an uns selbst.

7. Übung: **„Die Meditation des inneren Lächelns"**

Übungsdauer: 5 bis 10 Minuten
Anleitung und Text: siehe Teil II, Kap. VI „In Frieden leben ..."

8. Übung: **„Hu-Meditation"**

Übungsdauer: 2 Minuten
Die Silbe „Hu" wird wie „hju" ausgesprochen. Sie kommt aus der Tradition der Sufis und ist eine „heilige Silbe", ähnlich wie das „OM" in der hinduistischen Tradition oder das „Amen" in der christlichen Religion.

- Setz Dich entspannt aufrecht hin und schließe Deine Augen.
- Atme ruhig und regelmäßig.
- Und nun töne mit jedem Ausatem ein langgezogenes „hjuu".
- Wenn Du die Übung beendet hast, spüre aufmerksam nach. Lausche in Dich hinein. Wie fühlst Du Dich jetzt?

Die *8. Übung* mit jüngeren Schülern:
Eine Erzieherin erzählte mir, daß sie und ihre Kollegin in Unkenntnis dieses „hju" mit den Kindern ihrer Gruppe „Gespenster" gespielt hatten. In einem abgedunkelten Raum schlichen die Kinder umher und tönten ein „gespenstisches Hu". Der Effekt war, daß schon nach kurzer Zeit sich alle Kinder unaufgefordert auf den Boden im Raum niederließen und ganz hingegeben ihr „hjuu" tönten und lauschten. Die Erzieherinnen konnten sich dieses Phänomen nicht erklären, setzen es aber von da an gezielt in den Gruppen ein, wenn sie die Kinder wieder zur Ruhe und Sammlung bringen wollten. Sie erfanden Themen wie „Wir kommen alle von dem Planeten Hu" usw. Natürlich war diese Erzieherin sehr überrascht, als sie eines Tages erfuhr, daß es eine Jahrtausende alte Meditationstradition gibt, in der auch Erwachsene „hju" tönen.

Kommentar:
Das Tönen mit der Silbe „Hu" hat für viele eine etwas euphorisierende Wirkung („juhu!"). Man fühlt sich hinterher ruhiger, liebevoller, der Kopf ist klarer.

VIII. Ruhe Dich aus

Die folgenden „Ruheübungen" sind Übungen zur Tiefenentspannung. Sie können für sich allein oder als „Schlußentspannung" nach dem Übungsprogramm eingesetzt werden.

Wenn Du möchtest, kannst Du Dir die folgenden Texte zu den Übungen zunächst auf Band sprechen und es Dir dann vorspielen. Achte auf eine getragene, ruhige Stimme, sprich langsam und deutlich und lege Pausen ein („Gedankenstrich" und „neue Zeile").

1. Übung: „Anspannen – Entspannen – die ‚Progressive Muskelentspannung' nach E. Jacobsen in der Rückenlage"

Übungsdauer: etwa 10 Minuten
Eine Selbstverständlichkeit ist die Fähigkeit des „Sich-entspannen-Könnens" offenbar nicht – wie wir den vielen nervösen Störungen bei Erwachsenen, Jugendlichen und Kindern entnehmen. Wir können aber unsere Entspannungsfähigkeit, das bewußte „Los-lassen" von Muskelanspannungen regelrecht trainieren.

– Leg Dich entspannt auf den Rücken. Die Beine sind lang ausgestreckt und leicht geöffnet. Die Fußspitzen weisen entspannt nach außen. Die Arme liegen locker an den Seiten. Die Handinnenflächen zeigen nach oben. Der Kopf liegt auch wirklich in der Mitte, der Nacken ist leicht gedehnt.
– Atme ruhig und regelmäßig durch die Nase ein und aus.
– Und nun schließe die Augen.
– Gehe mit dem Bewußtsein zunächst in die Füße hinein. Du spürst den Bodenkontakt der Fersen.
– Einatmend spannst Du nun die Füße an, indem Du die Zehen in Richtung Kopf ziehst – und
– ausatmend läßt Du sie wieder los.
– Noch einmal: einatmend anspannen – ausatmend lösen.
– Die Füße sind entspannt, auch die Zehen.

– Und nun wanderst Du mit dem Bewußtsein langsam über die Fußknöchel die Beine hinauf: Du spürst die Auflagefläche der Waden am Boden – die Kuppel der Knie – Du spürst die Auflagefläche der Oberschenkel – und wanderst weiter hinauf bis zum Gesäß.
– Einatmend spannst Du die Gesäßbacken an (Po zusammenkneifen) und
– ausatmend läßt Du wieder los.
– Noch einmal: einatmend anspannen – ausatmend lösen.
– Das Becken liegt breit und weich am Boden.
– Und nun wanderst Du mit dem Bewußtsein den Rücken hinauf und spürst, welche Teile den Boden berühren und welche nicht.
– Du spürst die Auflagefläche der Schulterblätter – gehst von da aus zu den Händen.
– Einatmend ballst Du Deine beiden Hände zu Fäusten und
– ausatmend läßt Du wieder los.
– Noch einmal: einatmend anspannen – ausatmend lösen.
– Die Hände sind entspannt, auch die Finger.
– Und nun wanderst Du langsam die Arme hinauf. – Du spürst die Unterarme am Boden – den leichten Knick der Ellenbogen – die Oberarme – die Rundungen der Schultern.
– Und mit dem nächsten Einatem ziehst Du die Schultern hoch, Richtung Ohren und
– ausatmend läßt Du wieder los.
– Noch einmal: einatmend anspannen – ausatmend lösen.
– Die Schultern sind entspannt, auch der Nacken.
– Und nun wanderst Du mit dem Bewußtsein in das Gesicht.
– Einatmend spannst Du das Gesicht an (Grimasse schneiden) – und ausatmend läßt Du wieder los.

– Noch einmal: einatmend anspannen – ausatmend lösen.
– Das Gesicht ist entspannt.
– Der ganze Körper ist angenehm entspannt.
– Nutze den lebendigen Kontakt zur Erde. Laß immer mehr los. Schmiege Dich weich an diese Erde an. Die Erde trägt Dich, uns und alle Wesen!
– Gib Dich ganz dem Erlebnis des „Getragen-Seins" hin.
– „Sich-entspannen" heißt „loslassen".
– Wenn Du die Entspannungsübung beenden möchtest, dann atme einige Male tief ein und aus. Bewege langsam wieder die Hände und die Füße. Recke, strecke und dehne Dich. Und dann richtest Du Dich langsam (Achtung Kreislauf!) über die Seite zum Sitzen auf.

Die *1. Übung* mit jüngeren Schülern:
Die Kinder liegen ebenfalls auf dem Rücken. Dann werden sie aufgefordert, beide Beine lang ausgestreckt so anzuheben, daß sie nur wenige Zentimeter über dem Boden schweben. Sie atmen ruhig und regelmäßig weiter, und irgendwann geben sie dem Gewicht ihrer Beine nach und legen sie ausatmend sanft auf dem Boden ab. Dasselbe geschieht mit den Armen und zuletzt mit dem Kopf. Es ist auch hier wichtig, dabei hervorzuheben, wie gut es ist, daß wir von der Erde „getragen werden".

Kommentar
Diese Übung ist eine ganz ausgezeichnete Methode, um sich von körperlichen Anspannungen zu befreien. Indem wir von den Füßen bis zum Kopf (oder umgekehrt) durch den Körper reisen und dabei bestimmte Muskelgruppen zunächst anspannen und dann entspannen, lernen wir, den Unterschied, wie sich ein angespannter und ein entspannter Körperbereich anfühlen, bewußt wahrzunehmen. Wir können die „progressive Muskelentspannung" im Sitzen und im Liegen üben. Auch im Alltag, immer dann, wenn sich Anspannungen bemerkbar machen, ist sie eine gute Hilfe, um sich davon zu befreien.

2. Übung: „Der Yogaschlaf"

Übungsdauer: etwa 10 Minuten

– Lege Dich auf die Seite Deiner Wahl.
– Zum besseren Verständnis der Übungsanleitung gehe ich von der Annahme aus, daß Du auf der rechten Seite liegst.
– Das lang ausgestreckte rechte Bein ist also das untere.
– Winkle das linke Bein in der Leiste und im Knie so an, daß es vor dem rechten Bein zu liegen kommt. Mit dem Rumpf hast Du auf der rechten Seite Bodenkontakt – auch ein Teil der rechten Bauch- und Brustseite berührt den Boden. Der rechte Arm liegt angewinkelt hinter dem Rücken. Der linke Arm ist auch angewinkelt und liegt so auf dem Boden, daß Du die rechte Wange auf den Handrücken legen kannst.

Diese Körperposition gleicht der sogenannten „stabilen Seitenlage".

97

- Schließe die Augen und atme ruhig und regelmäßig.
- Lebe Dich ganz in die Körperbereiche ein, die einen lebendigen Kontakt zum Boden haben.
- Die Erde trägt Dich!
- Wenn Du die Entspannungsübung beenden möchtest, dann atme einige Male tief ein und aus. Bewege langsam wieder die Hände und die Füße. Recke, strecke und dehne Dich. Und dann richtest Du Dich langsam (Achtung Kreislauf!) über die Seite zum Sitzen auf.

Kommentar:

Im Vergleich zur Rückenlage verleiht die „stabile Seitenlage" manchen Menschen mehr Sicherheit. Möglicherweise liegt das daran, daß wir auf diese Weise unsere weiche, verletzlichere Körpervorderseite der Erde zuwenden. Wir sind dadurch geschützter.

Wenn wir uns dem Boden unter uns anvertrauen, uns tragen lassen, ob im Stand, im Sitzen oder im Liegen, geben wir die kraftraubende Starrheit angespannter Muskeln auf und erfahren die Lust der Entspannung. Nur wenn wir vertrauen, wenn wir wissen, „jemand oder etwas fängt mich auf", können wir loslassen und wirklich tiefgreifend entspannen. Aus diesem Grund ist mir der Hinweis „Die Erde trägt Dich" so wichtig.

TEIL II

Entspannungsübungen im Unterricht

„Die Schule befaßte sich klugerweise nicht mit jenen ernsthaften Fertigkeiten, welche für das Leben unentbehrlich sind, sondern vorwiegend mit spielerischen und hübschen Unterhaltungen, an welchen ich oft mein Vergnügen fand, und mit Kenntnissen, von welchen manche mir lebenslänglich treu geblieben sind; so weiß ich heute noch viele schöne und witzige lateinische Wörter, Verse und Sprüche, sowie die Einwohnerzahlen vieler Städte in allen Erdteilen, natürlich nicht die von heute, sondern die der achtziger Jahre."

Hermann Hesse
(aus: „Kindheit des Zauberers")

„Von einem pragmatischen Standpunkt her betrachtet, könnte der Wert des Schul-lernens dadurch festgelegt werden, daß nach dem Grad der Wirksamkeit des Gelernten in der Bewältigung der beruflichen und persönlichen Aufgaben in der Zeit nach der Schule gefragt wird."

Werner Correll
(aus: „Lernpsychologie")

In diesem zweiten Teil wende ich mich an Sie! An die Lehrer, Gruppen- und Übungsleiter, die die in Teil I vorgestellten Entspannungsübungen in ihr bereits vorhandenes Unterrichtskonzept (auch im sportfremden Unterricht!) integrieren möchten. Die Übungsanweisungen sind so formuliert (2. Person plural), daß sie im Unterricht angewandt werden können. Ich empfehle Ihnen, die Übungen zuerst selbst auszuprobieren, bevor Sie sie im Unterricht anbieten.

Warum in der Schule „Entspannen-Lernen"?

Nun, die Antwort auf diese Frage ist eigentlich ganz einfach: „Weil da die Kinder sowieso sind!".
Ich biete in meinem Wohngebiet seit Jahren Kurse „Entspannungsspiele und Yoga für Kinder" an. Dabei hat sich gezeigt, daß es noch relativ leicht ist, einen Kurs mit Kindergartenkin-dern zu organisieren. Die Kursorganisation eines Kurses mit Schulkindern dagegen ist schon schwieriger. Die Teilnahme eines Kindes scheitert nicht selten an seinem „Terminplan". Da gibt es montags den „Kommunionunterricht" oder „Gruppenstunde", dienstags eine „AG" in der Schule, mittwochs „Ballett" oder „Musiker-

ziehung", donnerstags „Nachhilfeunterricht", und am Freitag ist „Schwimmunterricht". Die regelmäßige Teilnahme am „Fußballtraining", „Kinderturnen", „Reiten" oder am „Judounterricht" ist eigentlich „alles nur eine Organisationsfrage", bei der meistens die Mütter die Rolle des Chauffeurs spielen, um ihren Kindern manchmal sogar zwei verschiedene Aktivitäten an einem Nachmittag zu ermöglichen. Ich möchte den Wert von „Ballett", „Kommunionunterricht", „Fußballtraining" oder „Reiten" ganz sicher nicht schmälern. Im Gegenteil, solche Aktivitäten machen dem Kind Freude, fördern seine Entwicklung und erweitern seinen Horizont.

Ja, und dann kommt nun noch etwas Neues hinzu. Ebenfalls für die geistig-psychisch-körperliche Entwicklung sehr förderlich und sehr gesund: Das „Sich-entspannen-Lernen"!

Bloß wann? Ein Tag hat nun mal nur 24 Stunden, und es gibt davon auch nur sieben in einer Woche.

Von den Hausaufgaben habe ich noch gar nicht gesprochen. Auch nicht vom „freien Spiel", davon, daß Kinder einfach mal Zeit und Raum für sich, für ihre Träume, für spontanes Spiel oder die kreative Umsetzung ihrer Ideen brauchen – selbsttätig, ohne Anleitung.

Ich möchte nicht verallgemeinern. Ich weiß, daß es viele Eltern gibt, die Wert darauf legen, daß ihre Kinder auch Zeit und Raum für sich selbst, ihre Freunde und ihre Familie haben. Aber der Trend hin zu „organisiertem Vergnügen", „Leistungsdruck", „vollen Terminplänen" und „keine Zeit haben" ist auch im Leben der Kinder unverkennbar.

Vielleicht sind dies die Gründe, weswegen viele Eltern sich erst dann für einen derartigen Kurs für ihre Kinder interessieren, wenn die Teilnahme vom Kinderarzt, Kinderpsychologen oder dem schulpsychologischen Dienst empfohlen wird. Also dann, wenn das Kind unter nervösen Störungen leidet und dadurch auch seine Konzentrationsfähigkeit und die schulischen Leistungen nachlassen. Auf diese Weise bekommt das „Sich-entspannen-Lernen" den Charakter einer therapeutischen Einrichtung, die man erst dann in Anspruch nimmt, wenn bereits gesundheitliche oder psychische Probleme unterschiedlichster Art aufgetreten sind. Probleme und Störungen, die möglicherweise gar nicht hätten auftreten müssen!

Natürlich finden sich auch gesunde Kinder in einem solchen Kinderkurs ein: um ein Ventil für die schulische Anspannung zu finden, um sich zu entspannen, und weil es ihnen ganz einfach Spaß macht. Ihre Eltern praktizieren sehr häufig selbst Yoga, Autogenes Training, Meditation oder irgendeine Entspannungsmethode und wissen um die positiven Wirkungen aus eigener Erfahrung. Aber auch diese Eltern stehen vor dem allgemeinen Zeitproblem, Hausaufgaben, freies Spiel und die speziellen Interessen „unter einen Hut zu bringen", und diese auch mit ihrer finanziellen Ausstattung zu vereinbaren. So haben Kinder aus kinderreichen Familien, von Alleinerziehenden, Arbeitslosen oder Sozialhilfeempfängern häufig nur dann die Chance, ein solches ihre persönliche Entwicklung förderndes Kursangebot wahrzunehmen, wenn der Kursleiter bereit ist, auf die besondere Situation einzugehen, und eventuell auf die Kursgebühr ganz oder teilweise verzichtet. Kinder, deren beide Elternteile berufstätig sind, und die deshalb häufig bis in den späten Nachmittag in einer Kindertagesstätte beaufsichtigt werden, haben ebenfalls wenig Gelegenheit zum Kursbesuch.

Aus diesen Gründen spreche ich mich für das „Sich-entspannen-Lernen in der Schule" aus.

Denn:
- Die Kinder sind ohnehin in der Schule – jeden Tag!
- Es würde für die Kinder und Eltern keinen zusätzlichen Zeitaufwand oder zusätzliche finanzielle Belastung bedeuten. Auf diese Weise hätten wirklich alle Kinder die Möglichkeit, etwas für ihre Gesundheit und ihr körperlich-geistig-seelisches Gleichgewicht zu tun.

- Und – wie wir noch sehen werden – kann auch für die Lehrer die Integration der bereits im Teil I dieses Buches vorgestellten Übungen im Unterricht eine Erleichterung und positive Veränderung ihrer Unterrichtssituation bewirken.
- Und – *für diese Übungen brauchen wir nur uns und unseren Körper!* Vielleicht noch eine Decke als Unterlage, aber keine kostspieligen Erstanschaffungen zur Durchführung der Kurse.

„Erziehungsauftrag" der Schule

Bei näherer Betrachtung der geschichtlichen Entwicklung und stetigen Wandlung des Bildungssystems wird deutlich, wie sehr soziale Normen, wirtschaftliche Überlegungen, Politik und Herrschaftssysteme das Schulsystem seit jeher beeinflußt haben.

In neuerer Zeit mehren sich die Forderungen seitens der Eltern, Lehrer und Psychologen, das Schulsystem, so, wie es sich uns heute präsentiert, gründlich zu reformieren. Unsere Kinder müssen heute sehr viel mehr lernen als die Generationen vor ihnen. Von Lehrern und Schülern wird viel gefordert, und viele fühlen sich überfordert. Die steigenden Zahlen der Schulkinder mit streßbedingten nervösen Erkrankungen und damit zusammenhängendem Medikamentenmißbrauch, ja sogar Selbstmord, sind besorgniserregend. Die zunehmende Gewalt und Kriminalität in den Schulen und auf den Schulwegen ist beängstigend, und die Hilflosigkeit der Lehrer ebenfalls. Nur wenige Kinder haben noch Spaß am Lernen und am täglichen Schulbesuch. Aber es sind nicht die Kinder oder die Lehrer, die hier versagen, sondern längst überholte Lehrmethoden. Das Selektionsprinzip in den Schulen schafft offenbar eine Atmosphäre mit unerträglichem Leistungsdruck. Situationen also, die einem guten Lehrer-Schüler-Verhältnis, der persönlichen individuellen Entwicklung des Schülers und auch der Entwicklung sozialen Verhaltens und gegenseitiger Rücksichtnahme und Hilfsbereitschaft nicht gerade förderlich sind. Mit der Begründung, man müsse die Kinder „rechtzeitig auf den Ernst des Lebens vorbereiten", wird besonders viel Wert auf die Entwicklung der intellektuellen Fähigkeiten, auf Leistung und Wettbewerb gelegt. Es geht hauptsächlich um Vermittlung und Speichern von Daten und Fakten. Diese werden abgefragt und benotet. Ethisch-moralische Werte, Mitgefühl, Nächstenliebe oder charakterliche Reife und Standfestigkeit werden zwar auch gelobt, nicht aber so nachhaltig gefordert und gefördert. Jedenfalls ist mir bisher noch nie ein Schüler oder Student begegnet, der für Hilfsbereitschaft und Mitgefühl eine gute Note bekam. Doch wie soll ein Kind, dessen Aufmerksamkeit auf das Erlangen guter Noten beschränkt wird, überhaupt soziales Verhalten erlernen? Die „Hackordnung" geht von oben nach unten. Gegenseitiges Verständnis und Achtung vor sich selbst und anderen können in einem solchen Klima nicht reifen.

Es gibt immer mehr Lehrer, die sich um eine Veränderung dieses einseitigen „Gehirntrainings", um Hilfestellungen zur Entfaltung emotionaler, charakterlicher und spiritueller Werte bemühen. Sie versuchen, den Leistungsdruck und die Angst vor dem Versagen im Unterricht zu reduzieren, schaffen ein entspanntes, lebendiges Unterrichtsklima, in dem die Freude am spielerischen Lernen, an gegenseitigem Helfen, am eigenen Ideenreichtum und an der schöpferischen Kreativität überhaupt erst wieder möglich wird.

Wer sollte, kann oder darf „Entspannungsübungen" lehren?

Es stellt sich die Frage, wer die geeignete Lehrkraft für solche Übungen ist.

Es gibt Fachleute: Sportpädagogen, Lehrer für Eutonie, Yoga oder Tai Chi, Übungsleiter für Autogenes Training, Meditationslehrer, auch Krankengymnasten, die in einer *mehrjährigen* Ausbildung fundiertes Wissen hierfür erworben haben. Ihre Kenntnisse erlauben ihnen, die einzelnen Übungen oder Haltungen gezielt einzusetzen, individuelle gesundheitliche Belastungsgrenzen richtig einzuschätzen und zu berücksichtigen. Der Turnlehrer versteht viel vom Sport, der Eutonielehrer versteht viel von Eutonie, der Yogalehrer versteht viel vom Yoga usw. – aber verstehen sie auch genug von der Psyche der Kinder? Der „gute Wille" allein reicht nicht!

Schullehrer hingegen sind Pädagogen. Sie verstehen etwas von Kindern oder sollten zumindest genug von ihnen verstehen, um diese unter Berücksichtigung ihrer alters- und entwicklungsspezifischen Konzentrationsfähigkeit, Bedürfnisse und Interessen unterrichten zu können. Aber wie sieht es mit Ihrer „Entspannung" aus? Können Sie sich selbst entspannen? – geschweige denn eine ganze Klasse? Und kann man von einem Mathematik- oder Deutschlehrer erwarten, daß er eigens eine Fortbildung macht, um seinen Schülern einige der Entspannungsübungen im Unterricht anbieten zu können?

Langfristig gesehen wäre es tatsächlich wünschenswert, wenn Schulen geprüfte Fachleute einstellten, die über pädagogische Kenntnisse in der Arbeit mit Kindern verfügen. Sie könnten „Entspannungsunterricht für Schüler und Lehrer" anbieten, bzw. den Lehrkräften, die einige wenige Übungen in ihre Schulstunde einbauen wollen, beratend zur Seite stehen.

Bis dahin, und um langwierige Kompetenzstreits zu vermeiden, die ohnehin nur auf dem „Rücken der Kinder" ausgetragen werden, empfehle ich den Schullehrern oder Gruppenleitern, die sich an diese lohnende Aufgabe heranwagen, daß sie sich über die theoretische Literatur hinaus in einem Kurs auf praktische Weise und durch eigene selbstgemachte Erfahrung mit den wichtigsten Grundzügen, Regeln und Wirkungsweisen vertraut machen.

Ich bin mir bewußt, daß so mancher Lehrer oder Gruppenleiter keine oder nur geringe Erfahrung mit „Massagen", „Körper- und Atemübungen", „Phantasiereisen und Meditation" besitzt. Daher habe ich mich bei den Übungen auf einfachste Entspannungs- und Dehnübungen und meditative Übungen beschränkt. „Fachleute" wie Übungsleiter für Autogenes Training, Meditationslehrer oder Yogalehrer werden in diesem Buch ebenfalls viele Anregungen für ihre Kinderyogakurse finden. Die Übungsanweisungen sind so formuliert, daß sie im Unterricht angewandt werden können. Ich empfehle Ihnen, die Übungen zuerst selbst auszuprobieren. Wie jeder erfahrene Pädagoge weiß, ist es unmöglich, einem anderen etwas beibringen zu wollen, wozu man selbst nicht in der Lage ist. Die vorgestellten Entspannungsübungen sind auch dazu da, um Sie, den Lehrer oder Gruppenleiter, zu befähigen, ruhig und entspannt Unterricht zu halten. Sie tun etwas zur Erhaltung Ihrer Gesundheit. Und auf diese Weise sind Sie für die Kinder und Jugendlichen glaubwürdig, zählen Sie in den Augen Ihrer Schüler zu den „vertrauenswürdigen" Erwachsenen, die selbst nach denselben Leitlinien und Grundsätzen leben und handeln, welche sie nach außen hin vertreten.

Die verschiedenen therapeutischen Wirkungsweisen werden zu den einzelnen Haltungen unter „Kommentar" beschrieben. Es war mir wichtig, Sie über verschiedene gesundheitliche oder auch schul- und lernrelevante Zusammenhänge aufzuklären, um Ihnen einen möglichst breiten Überblick über die Wirkungsweise dieser Übungen zu verschaffen. Alle Angaben und Übungsanweisungen wurden sorgfältig ausgearbeitet. Dennoch beinhaltet es immer ein gewisses Risiko, Körperübungen nur aufgrund eines Buches zu erlernen und auszuführen. Aus diesem Grund sollten Sie zu Ihrer eigenen Sicherheit und der Ihrer Schüler bei gesundheitlichen Störungen dieselben Vorsichtsmaßregeln walten lassen, wie sie zur Durchführung des schulischen Sportunterrichts üblich sind, und einen Arzt befragen.

I. Ganzheitlicher Schulunterricht

In der Einleitung dieses Buches wird eine Studie von Wolfgang Schmid (Professor an der Pädagogischen Hochschule Flensburg) vorgestellt, die einen neuen Weg des „ganzheitlichen Lernens" aufzeigt.

In diesem Artikel ist von „Massagen, entspannenden Körperübungen und Atemübungen" nicht die Rede, aber davon, daß eine gleichzeitige Inanspruchnahme beider Hirnhälften deren Funktion und Kommunikation fördert. Da beide Hirnhälften die entgegengesetzte Körperhälfte und die damit verbundenen Muskel- und Sinnesfunktionen kontrollieren, ist es auch möglich, durch bestimmte körperliche Übungen das ganze Gehirn gleichzeitig zu trainieren.

So erfordert eine Übung, in der das Kind beispielsweise mit der rechten Hand (linke Hirnhemisphäre) das linke Fußgelenk (rechte Hirnhemisphäre) umfaßt (vgl. Teil I, III. Anregende entspannende Körperübungen, 11. Übung: „Die Katzenreihe"), eine intakte Zusammenarbeit beider Hirnhälften. Solche und ähnliche Übungen beziehen beide Hirnhälften mit ein. Diese Tatsache kann man sich auch bei der sogenannten „Lese- und Rechtschreibschwäche" zunutze machen, wenn sie auf einer Störung der Kommunikation der Hirnhälften beruht. Neben Lese- und Schreibübungen werden körperliche Übungen und Visualisationsübungen empfohlen, die die gleichzeitige Koordination der rechten und linken Körperhälften (und damit auch der beiden Hirnhälften) erfordern und trainieren.[10]

II. Erst einmal „ankommen"

Kennen Sie dieses Bild? Es ist Montagmorgen. Lehrer und Schüler hetzen gleichermaßen „mit wehenden Rockschößen" in die Schule. Das Klassenzimmer wird gestürmt, der Unterricht begonnen – aber eigentlich ist man mit seinen Gedanken noch ganz woanders: beim Wochenende, bei der Freundin, bei einem Krankenhausbesuch oder beim Fußballspiel. Dieses Bild präsentiert sich uns nicht nur Montag morgens, sondern auch an den anderen Schultagen.
Eine bewußte Einstimmung auf „das, was kommt", hilft, Anlaufschwierigkeiten wie Zerstreutheit und Konzentrationsmangel leichter zu überwinden.

1. Übung: „Innere Einstimmung"

Übungsdauer: etwa 5 Minuten

– Setzt Euch entspannt aufrecht hin und schließt die Augen.
– Atmet ruhig und regelmäßig.
– Alles, was jetzt nichts mit dieser Stunde zu tun hat, alle Gedanken und Erinnerungen, stellen wir zurück.
– Wir kommen hier an.
– „Hier ankommen" heißt, wir sind uns bewußt, wir sind in diesem Raum.
– Wir spüren den Bodenkontakt unter uns: unter den Füßen und unter dem Gesäß. Der Rücken ist gerade und aufrecht. Der Atem ist ruhig und regelmäßig.
– Beobachtet Euren Atem in der Nase, wie er kommt und geht.
– Beobachtet den Atem, ohne einzugreifen.
– Der Einatem ist etwas kühler als der Ausatem.
– Vertieft Euch ganz in Euren Atem.
– Nach etwa 2 bis 3 Minuten Pause:

---

[10] Vgl. Paul u Gail Dennison, „EK für Kinder. Das Handbuch der Edu-Kinestetik"

– Und nun reckt und streckt und dehnt Euch, gähnt mehrmals laut und herzhaft und öffnet Eure Augen.
Der Unterricht kann beginnen.

Kommentar:
Sicherlich ist es Ihnen aufgefallen, daß ich in der o.g. Übungsanleitung die Anrede vom „Ihr/Euch" zum „wir/uns" gewechselt habe. In diesem Fall wirkt das auf die Schüler nicht irritierend, sondern es verstärkt das Gruppengefühl. Lehrer und Schüler „kommen gemeinsam hier an", „stimmen sich gemeinsam auf den heutigen Unterricht ein". Lehrer und Schüler entwickeln so etwas wie „ein gemeinsames Gefühl" füreinander.

2. Übung: **„Einstimmung mit Meditationsmusik"**

Übungsdauer: 5 bis 7 Minuten
– Die Kinder setzen oder legen sich entspannt hin und lauschen der meditativen Eröffnung des Unterrichts.

Kommentar:
Diese Form der Einstimmung wird von Prof. W. Schmid (vgl. Teil I „Ganzheitlich lernen – gibt es so etwas?") empfohlen. Er spricht sich dafür aus, daß es den Kindern überlassen werden sollte, wie sie mit dieser Art der meditativen Erfahrung umgehen, ob sie also einfach nur ruhig zuhören und träumen, oder etwa dabei malen möchten.

III. Selbstvertrauen kann man lernen

In seiner Kinder- und Jugendzeit, auf dem Weg ins Erwachsenenleben, muß jeder Mensch die Fähigkeit erwerben, „auf eigenen Füßen zu stehen", und eigentlich hört dieser Lernprozeß nie ganz auf. Immer sind wir auf irgendeine Art und Weise dieses Kind, welches gerade das Laufen lernt – ein Leben lang! Jedesmal, wenn wir Neuland betreten, alte Gewohnheiten aufgeben und neue Erfahrungen suchen, sind wir wieder das Kind von damals: ängstlich, neugierig, lebenslustig oder verzagt. Der Grundstein für Urvertrauen, also Vertrauen in sich selbst und in das Leben, wird gelegt, wenn ein Mensch in seiner Kindheit und Jugend das wunderbare Gefühl erfahren durfte, wie es ist, sich aus eigener Kraft auf die Füße zu stellen, und dabei gleichzeitig jemanden in seiner Nähe weiß, der jederzeit bereit ist, ihm bei Bedarf die Hand zu reichen oder ihn aufzufangen.

Der feste Boden unter unseren Füßen

Im Grunde genommen erlaubt jede Körper- oder Atemübung einen hohen Grad an Selbstgewahrsein und Selbsterkenntnis, wenn diese Übungen achtsam und konzentriert ausgeführt werden. Auf diese Weise fördern sie ein sicheres, reales

Körpergefühl, die Fähigkeit, seinen Körper zu beherrschen und selbst „Meister" seiner Gedanken und Gefühle und seines Lebens zu sein.

Welche Rolle der feste Boden unter unseren Füßen bei der Entwicklung von realer Selbsteinschätzung oder Urvertrauen spielt, wird schon durch die Umgangssprache deutlich. Wir sprechen von „bodenständigen" Menschen oder Menschen, die mit „beiden Beinen fest auf dem Boden der Realität stehen". Wir lernen, zu unserer Meinung zu „stehen", und für eventuelle Fehler „geradezustehen". Ein Bruder „Leichtfuß" ist vielleicht ein sehr sympathischer Mensch, ob wir ihm allerdings unser Haus oder unser Auto anvertrauen würden, ist eine andere Frage.

Der sichere Grund unter unseren Füßen vermittelt uns angenehme Gefühle von Halt, Sicherheit, Realitätsnähe und Stabilität. Ein guter Bodenkontakt kann diese Qualitäten offenbar im Menschen fördern. Auf irgendeine Art und Weise liegen, sitzen, stehen oder laufen wir natürlich alle auf der Erde herum. Die entscheidende Frage hierbei jedoch ist, „ob wir uns dessen auch bewußt sind". Tatsächlich werden wir uns der Kraft und des Halts, die uns der feste Boden unter den Füßen verleihen, oftmals erst dann bewußt, wenn wir diesen Halt vermissen: in einer peinlichen Situation beispielsweise, in der wir auf „schwankendem Grund stehen", den „festen Halt unter den Füßen verlieren" oder meinen, „in den Boden versinken zu müssen". Wir bekommen dabei vielleicht schwache Knie, ein unangenehmes Gefühl im Magen, einen trockenen Mund, können nicht mehr klar denken, oder es wird uns schwindlig.

Für viele Schüler (und auch Erwachsene), die sich in einer Prüfungssituation befinden, sind solche Symptome keine Seltenheit. Gefühle wir-ken sich über chemische und hormonelle Veränderungen als körperliche Reaktion aus. Angenehme Gefühle stärken den Menschen und sind sowohl für seine augenblickliche Verfassung als auch für seine weitere geistig-körperliche Entwicklung sehr förderlich. Unangenehme Gefühle, wie sie in Streßsituationen entstehen, dort als Prüfungs- und Versagensangst auftreten, lähmen den Menschen. Selbst der beste Schüler kann in einer angstbesetzten Situation sein Wissen nicht bzw. nicht vollständig erinnern und unter Beweis stellen. Der Lehrer kann so den realen Kenntnisstand des Schülers auch nicht richtig einschätzen. Und doch entstehen auf diese Weise Noten und Zeugnisse! Ich bin der Auffassung, daß sich der Verantwortungsbereich der Schul- und Bildungsstätten nicht nur auf die Vermittlung von faktischem Wissen beschränkt. Wenn diese tatsächlich eine Basis für spätere Lebenschancen schaffen wollen, dann müssen die Schüler auch lernen, wie sie mit unangenehmen Gefühlen in schwierigen Situationen bestmöglich fertig werden.

Ein guter Bodenkontakt ist ein „lebendig gefühlter" Bodenkontakt, ein Gewahrwerden dessen, daß „die Erde uns trägt". Das Bewußtmachen des festen Halts unter uns ist mehr als eine symbolische Handlung. Es verleiht uns den Halt, die Stabilität und das Selbstvertrauen, das wir brauchen, um in der Schule und im Leben bestehen zu können. Aus diesem Grund werden solche „Erdungsübungen" auch in der körperorientierten Psychotherapie wie „Hakomi" (Ron Kurtz, Hector Prestera) oder in der „Bioenergetik" (Alexander Lowen) benutzt, um den Menschen wieder mit der Realität zu verbinden.

Ein Lehrer, der um solche Zusammenhänge weiß, kann dieses Wissen ganz leicht in den

„normalen" Unterricht integrieren und darüber hinaus auch in Prüfungssituationen zum Wohl des Schülers anwenden. Wenn er die Angst und Unruhe des Schülers spürt, kann er ihn durch positiven Zuspruch ermuntern, erst einmal „tief durchzuatmen" und „ruhig und regelmäßig" weiterzuatmen, alle Anspannungen „loszulassen" und die „Erde, die uns trägt", den „festen Boden unter uns" bewußt wahrzunehmen. Vielleicht mag das manche Schüler anfangs etwas belustigen. Jedenfalls dann, wenn sie so etwas noch nicht gewohnt sind. Aber sie werden sehr schnell herausfinden, daß ihnen eine solche Übung dabei hilft, sich von Ängsten und Unsicherheiten zu befreien, daß sie „den Kopf klärt", und daß man in einem entspannten Zustand besser lernen, erinnern und sich konzentrieren kann. Sie werden eine positive Erfahrung machen und diese Hilfen dankbar annehmen. Und sie werden den Lehrer als einen Menschen erkennen, der nicht einfach nur „seinen Job erledigt", sondern an ihrem Wohl und weiteren Lebensweg wirklich interessiert ist.

Es ist so einfach: Die „Erde, die uns hält und trägt", ist immer da! Und trotzdem kann diese einfache Hilfsmaßnahme ein Fundament an Kraft, Vertrauen, Standfestigkeit und Lebensfreude vermitteln, die über die Prüfungs- und Schulsituation hinaus auf elementare Weise für ein ganzes Leben reicht.

Ich möchte Ihnen zunächst zwei „Wahrnehmungsübungen" vorstellen. Sie sind sehr hilfreich, um den Bezug zum „festen Boden unter unseren Füßen" deutlich zu machen:

1. Übung: Wahrnehmungsübung im aufrechten Stand – „Getragen sein"

Übungsdauer: etwa 1 bis 2 Minuten

— Stellt Euch entspannt aufrecht hin. Die Füße sind ungefähr beckenbreit auseinander. Die Arme hängen locker an den Seiten.

— Atmet ruhig und regelmäßig durch die Nase ein und aus.

— Schließt die Augen und nehmt den Boden unter Euren Füßen wahr.

— Spürt Ihr die Sicherheit, die dieser Bodenkontakt vermittelt?

— Stellt Euch nun vor, jemand „zieht Euch den Boden unter den Füßen weg" – wie fühlt Ihr Euch jetzt? Welche Körperbereiche spannen sich unwillkürlich an?

— Und nun macht Euch den Bodenkontakt, das Wissen darum, daß Ihr ihn habt, so intensiv wie möglich bewußt! Vertraut diesem festen Halt unter Euren Füßen. Stellt Euch ganz fest auf die Erde. – Wie fühlt Ihr Euch dabei? – Beobachtet, ob sich der Körper bei dieser Vorstellung wieder entspannen kann.

— Achtet besonders auf den Rücken, die Schultern und den Nacken. Könt Ihr die Schultern entspannen? Macht Euch bewußt, daß die Schultern uns nicht tragen können. Sie werden getragen. Darum versucht, bewußt die Schultern zu entspannen, Anspannungen loszulassen. – Mit entspannten Schultern nehmen wir das Gewicht der Arme stärker wahr. Beobachtet, wie das Gewicht der Arme und Hände die Schultern nach unten zieht und entspannt noch mehr.

— Achtet auf die Knie. Sind sie durchgedrückt (mit hochgezogenen Kniescheiben) oder lok-

ker? Laßt nun auch die Knie locker. Beobachtet, wie sich entspannte Knie auf den ganzen Körper auswirken. Beobachtet, wie Ihr mit den Knien auch die Oberschenkel-, Gesäß-, Bauch- und Beckenmuskulatur entspannt.
– Atmet ruhig und regelmäßig.
– Gebt Euch ganz der Vorstellung hin, daß der Rücken „aus dem Becken emporwächst". Eure Körperhaltung ist entspannt aufrecht, weil der Rücken vom Becken getragen wird. Auch der Kopf ist entspannt aufrecht.
– Macht Euch bewußt, die Erde trägt Euch!
Aus dieser Wahrnehmungsübung erwächst die folgende:

2. Übung: Wahrnehmungsübung im aufrechten Stand – „Die Kraft von unten"

Übungsdauer: etwa 1 bis 2 Minuten

– Stellt Euch entspannt aufrecht hin. Die Füße sind ungefähr beckenbreit auseinander. Die Arme hängen locker an den Seiten.
– Atmet ruhig und regelmäßig durch die Nase ein und aus.
– Schließt die Augen.
– Nehmt Ihr den Boden unter Euren Füßen wahr? Fühlt Ihr den Druck, den Euer Körpergewicht über die Füße auf den Boden ausübt?
– Und nun verstärkt diesen Druck, indem Ihr Euch leicht nach vorn beugt, die Knie anwinkelt und mit der Kraft der Oberschenkel Druck auf den Boden ausübt. Macht Euch so schwer wie möglich! Die Flexibilität der angewinkelten Knie bleibt erhalten.
– Wippt in dieser Haltung leicht auf und nieder und versucht, das Zusammenspiel der Mus-

kelkraft mit den Knien und dem Boden unter den Füßen zu begreifen. Auf welche Weise gebt Ihr leicht in den Knien nach? Und wie richtet Ihr Euch wieder auf? Was läßt Euch wieder emporfedern?
– Wir haben es hier mit dem physikalischen Prinzip von „Druck erzeugt Gegendruck" zu tun.
– Unter Euren Füßen wird eine „aufrichtende Kraft" aktiv! Ihr erhaltet ganz real Kraft von unten. Ihr könntet springen.

„Die Kraft von unten": Spring!

– Halt – noch nicht! – Sammelt all Eure Kraft –
und jetzt:
– Springt!

**Kommentar zu den beiden „Wahrnehmungs-
übungen":**
Wenn wir uns fest auf die Erde stellen, wenn wir
uns gestatten, daß die Erde uns trägt, dann kann
sich der Körper in bestimmten angespannten
Körperzonen entspannen. Verspannungen im
Bereich des Rückens, der Schultern und des Nak-
kens sind häufig die Ursache für Kopfschmerzen
und Konzentrationsschwierigkeiten. Wie wir
bereits gesehen haben, gibt es eine ganze
Reihe von Massagen, Körperübungen und
Yogaasanas, mit denen wir solche Anspannungen aktiv auflösen können. Wenn wir jedoch die
Ursache, warum sich unser Rücken und unser
Schulter- und Nackenbereich immer wieder
anspannen, nicht herausfinden, werden diese
Verspannungen nach kurzer Zeit immer wieder
neu auftreten. Eine mögliche Ursache für einen
verspannten Rücken mit Rückenschmerzen, für
verspannte hoch- und/oder nach vorn gezogene
Schultern und einen angespannten Nacken ist
mangelhafter Bodenkontakt bzw. ein mangel-
haftes Bewußtsein für diesen festen Halt unter
uns. Der Mangel an festem Halt unter unseren
Füßen – mehr oder weniger bewußt erkannt –
schafft Unsicherheit, ebenfalls mehr oder weniger bewußt erlebt. Der Körper reagiert immer
darauf – unwillkürlich. Er versucht diesen Mangel an festem Halt durch verschiedene Mechanismen auszugleichen oder auszubalancieren.
Ein Mechanismus sind hochgezogene Schultern und ein angespannter Rücken, als wolle
man nun im oberen Körperbereich Ungleichgewicht ausgleichen und sich festhalten.

Ein weiterer unwillkürlicher Schutzmechanis-
mus ist das Durchdrücken der Knie. Wie Alexander Lowen in seinem Buch „Bio-Energetik"[11]
sehr anschaulich beschreibt, machen uns Situationen, die uns viel Kraft kosten, die Schwerkraft
(Erdanziehungskraft) bewußt. Wir befinden uns
immer in ihrem Einflußbereich. Wir haben
gelernt, damit zu leben. Für gewöhnlich nehmen
wir sie gar nicht mehr wahr. Es gibt Körperübungen, wenn wir z.B. in der Rückenlage ein Bein
hochheben, in denen uns durch das Gewicht des
Beins die Erdanziehungskraft wieder bewußt
wird. Und es gibt kraftraubende Situationen, in
denen wir die Schwerkraft als Druck oder Zug
wahrnehmen. Wir formulieren das auch, indem
wir beispielsweise sagen: „Du ziehst mich total
runter" oder: „Das Ganze erdrückt mich". Auch
Prüfungssituationen und Unterrichtssituationen
sind enorm kraftraubend, und noch bevor wir
dies bewußt registrieren, hat der Körper bereits
darauf reagiert: die Knie werden durchgedrückt,
und die Muskulatur der Oberschenkel und im
Beckenbereich wird festgehalten. Die gesamte
untere Körperhälfte ist zu einem unflexiblen
„Sockel" erstarrt. Im Grunde signalisiert der Körper hier die Angst „zusammenzubrechen", „in
die Knie zu gehen" oder „nachgeben" zu müssen. Aber die Situation haben wir uns dadurch
noch nicht erleichtert, und die Schwerkraft wirkt
immer noch auf uns ein. Eigentlich sind die Knie
ja dazu da, daß sie wie feine Sensoren Streß
ausgleichen, indem sie dem „Druck von oben"
oder dem „Zug nach unten", also der Erdanziehungskraft, leicht nachgeben. Wenn die Knie
durchgedrückt sind, können sie diese „Stoß-

---

[11] Vgl.: Alexander Lowen, „Bio-Energetik", S. 198ff.

dämpferfunktion" nicht mehr ausfüllen. Der Körper muß sich die nächste einigermaßen flexible Stelle aussuchen. Diese Stelle ist der bewegliche Teil der Wirbelsäule oberhalb des Beckens, der Bereich des 4., 5. Lendenwirbels. Die häufigsten Rückenprobleme finden wir in diesem Bereich! Es lohnt sich also, sich immer mal wieder zu besinnen und sich des festen Bodens unter den Füßen zu versichern – und dabei auf lockere, flexible Knie zu achten. Aus Gründen der Gesundheit und der Streßbewältigung. Ein Aspekt, der sowohl Schüler als auch den häufig vor der Klasse oder an der Tafel stehenden Lehrer gleichermaßen ansprechen dürfte.

Wenn wir es wagen, uns auf den festen Boden unter uns zu verlassen und uns fest darauf stellen, dann lösen sich Anspannungen auf. Wir haben die Kraft, die der Körper sonst zur Aufrechterhaltung solcher Muskelanspannungen benötigt, nun für andere Zwecke zur Verfügung. Und wir kommen in den Genuß einer weiteren Kraft: „der Kraft von unten". Es ist kein Geheimnis, sondern ein physikalisches Gesetz: „Druck erzeugt Gegendruck". Wenn wir uns fest auf die Erde stellen, kommen wir durch den Druck, den wir durch unser eigenes Körpergewicht auf die Erde ausüben, in den Genuß dieses Gegendrucks: die Kraft, die über die flexiblen Knie von unten nach oben fließt, die uns trägt und aufrichtet. Nehmen Sie sich doch einmal die Zeit und beobachten Sie sportliche Menschen, die lange stehen müssen. Ein Fußballtrainer auf dem Fußballplatz beispielsweise, oder der Torwart. Sie werden diese Leute immer mal wieder mehr oder weniger breitbeinig stehend und wippend beobachten können. Oder Kleinkinder, die sich gerade aufrichten und laufen lernen. In der Phase, in der sie lernen, nicht mehr mit dem Bauch auf dem Boden liegend zu robben, sondern versuchen, sich zum Vierfüßlerstand zu erheben, schaukeln sie vor und zurück. Wenn sie später hoch aufgerichtet auf ihren zwei Beinchen stehen, dann stehen sie da und wippen. Niemand kann einem Kind diesen Mechanismus „Druck erzeugt Gegendruck" erklären. Es muß es selbst herausfinden. Wir alle waren einmal dieses Kind, und wir haben es selbst herausgefunden!

Mit diesen beiden Wahrnehmungsübungen bringen wir uns wieder mit Urerfahrungen des „auf eigenen Füßen Stehens", des „Selbständig-Seins" in Kontakt. Wir erleben auf elementare Weise das positive Gefühl, wie es ist, plötzlich und unerwartet Hilfe und Unterstützung zu bekommen. In diesem Fall die Kraft von unten! Vergessen wir nicht, daß selbsterlebte lebendige Erfahrungen auf unsere Entwicklung oft einen viel nachhaltigeren Einfluß haben als gelerntes Wissen. Selbsterlebte Erfahrungen sind Prägungen; wir können sie vielleicht verdrängen, nicht aber vergessen. Dieses herrliche Gefühl des „Getragen-Seins", was letztendlich das Urvertrauen in das Leben selbst begründet, wird uns ein Leben lang begleiten.

3. Übung: „Wir sammeln die Kraft der Erde und die Ruhe des Himmels in unserer Leibmitte"

Übungsdauer: etwa 1 bis 2 Minuten

– Stellt Euch entspannt aufrecht hin. Die Füße sind ungefähr beckenbreit auseinander. Die Arme hängen locker an den Seiten.
– Atmet ruhig und regelmäßig durch die Nase ein und aus.

- Schließt die Augen und nehmt den Boden unter Euren Füßen wahr.
- Spürt Ihr die Sicherheit, die dieser Bodenkontakt vermittelt?
- Und nun stellt Euch vor, daß Ihr einatmend die Kraft der Erde durch die Füße, die Beine empor bis in Eure Leibmitte hineinleitet.
- Ausatmend stellt Ihr Euch fest auf die Erde. Die Erde trägt Euch.
- Und einatmend nehmt Ihr die Kraft der Erde in Eure Mitte auf.
- Atmet ruhig und regelmäßig.
- Und nun stellt Euch vor, daß sich mit jedem Ausatem die Ruhe des Himmels über den Kopf, die Schultern und durch die Brust in Eure Leibmitte senkt.
- Einatmend verbindet Ihr Euch mit der Kraft von unten, mit der Kraft der Erde und
- ausatmend verbindet Ihr Euch mit der Ruhe von oben, mit der Ruhe des Himmels.
- In Eurer Leibmitte sammelt Ihr Ruhe und Kraft.

Kommentar:
Man kann diese Übung auch in einer entspannt aufrechten Sitzhaltung ausführen. Sie erscheint mir gut geeignet als Hilfe zur Sammlung, Entspannung und Beruhigung, insbesondere vor einer Prüfungssituation.

IV. Soziales Verhalten – Ich gebe Dir festen Halt!

Schulsituation und Lernen sind soziale Prozesse, da das Kind in der Regel nicht für sich allein lernt, sondern in einer Gruppe, zusammen mit anderen Mitschülern und Lehrern.

Untersuchungen des Forscherteams Passow und McKenzie haben eindeutig ergeben, „daß der stärkste Einfluß, der sich in der Lerngruppe auf das einzelne Kind bemerkbar macht, nicht in der Beziehung dieses Kindes zum Lehrer oder zum Lehrstoff besteht, sondern in der Wechselwirkung des einzelnen mit seinen Mitschülern."[12]

Es kommt also sehr darauf an, die sozialen Beziehungen der Schüler untereinander zu fördern und zu stärken, um so ein optimales Lernklima zu schaffen. Erfahrene Lehrer wissen, daß der Lernfortschritt des einzelnen Schülers sehr wesentlich davon abhängt, wie sehr die Gruppe (die ganze Klasse, die Kleingruppe am Tisch) lernmotiviert ist, und so die Lernversuche des einzelnen positiv quittiert.

In diesem Zusammenhang stellt sich auch die Frage, inwieweit sich „Wettbewerb und Konkurrenzdenken" im Vergleich zu „Kooperationsbereitschaft und Zusammenarbeit" auf den Lernerfolg auswirken. In einer 1951 durchgeführten Studie von M. Deutsch wurde dieses Problem

---

[12] Zit. aus: Werner Correll, „Lernpsychologie", S. 110

näher untersucht: Es wurden zweimal fünf Gruppen mit je fünf Mitgliedern gebildet. Die eine Hälfte sollte die gestellte Aufgabe gemeinsam lösen. Für ihre Leistung sollten alle Teilnehmer dieser Gruppe eine gemeinsame Note erhalten. Infolgedessen arbeiteten diese Gruppen nach dem Prinzip der Zusammenarbeit. Den anderen fünf Gruppen wurde die gleiche Aufgabe gestellt, allerdings mit dem Hinweis, daß jeder Schüler seine eigene Note für seine ganz persönliche Leistung erhalten würde. Auf diese Weise wurde unter den Schülern der zweiten Hälfte Wettbewerb ausgelöst. Das Ergebnis dieses Versuches war, daß die quantitative Lernleistung in beiden Gruppen genau dieselbe war. Es zeigte sich jedoch, daß die Gruppenteilnehmer, welche ihre Aufgaben nach dem Prinzip der Zusammenarbeit gelöst hatten, wesentlich entspannter, ausgeglichener und sich „ihrer Sache sicherer" waren als die anderen. Die Schüler, die für sich allein an dem Problem gearbeitet hatten, zeigten deutliche Zeichen von Unsicherheit, ja Verängstigung.[13]

Wir leben heute in einer Gesellschaft, in der Wettbewerbs- und Konkurrenzdenken mehr denn je den Schulalltag, den beruflichen Sektor, aber auch das Privatleben beeinflussen. Konkurrenzdruck macht neidisch. Konkurrenzdruck macht einsam. Konkurrenzdruck verunsichert. Konkurrenzdruck verängstigt. – Nicht nur Schüler! Ich bin sicher, daß *eine* Ursache der Leiden unserer Gesellschaft, die ihr inneres Vakuum, ihren Mangel an Liebe und Lebensfreude ständig aufs neue durch Ersatzbefriedigung und Konsum (Wer hat das größte Haus, das dickste Auto, die schönste Frau, die erfolgreichsten Kinder?) erfolglos zu stopfen versucht, genau hierin zu suchen ist. Leistungsdenken an und für sich ist sicherlich nichts Negatives. Aber wir dürfen humane Aspekte der Hilfsbereitschaft, Rücksichtnahme, Treue, Freundschaft und Liebe deswegen nicht vernachlässigen. Doch auch das will gelernt sein – zuhause *und* in der Schule.

Und, wie wir an dieser o.g. Studie von M. Deutsch und der neueren Studie von Prof. W. Schmid gesehen haben, ist es durchaus möglich und ratsam, im normal üblichen Schulunterricht ein soziales Klima zu schaffen, in dem gegenseitige Rücksichtnahme, Hilfsbereitschaft und Verständnis für die Schwächen des einzelnen eingeübt werden. Kleingruppen bilden, die gemeinsam ein Problem lösen, ist eine mögliche Form des humanen sozialen Lernens.

Mit den folgenden Partner-Übungen möchte ich weitere Anstöße zu diesem Thema geben. Gleichgewichtshaltungen, bei denen einer die Rolle des „Helfers" und der oder die andere die Rolle des „Übenden" übernimmt, bieten sich für einen solchen Zweck geradezu an.

1. Übung: „Ich gebe Dir festen Halt"

(„Standwaage", vgl. Teil I, VI. Kap., 5. Übung)
Übungsdauer: je nach Übungspraxis

a) der „Helfer":
- Stell Dich aufrecht hin und nimm Deine geöffneten Handschalen so vor den Bauch, daß der „Übende" seine Hände bequem hineinlegen und Du ihn gut halten kannst.
- Atme ruhig und regelmäßig.
- Stell Dich fest auf den Boden, die Erde trägt Dich.

---

[13] Vgl. ebd., S. 134ff.

- Suche den Blickkontakt zu dem „Übenden".
b) der „Übende":
- Stell Dich entspannt aufrecht hin.
- Der Abstand zwischen Dir und Deinem „Helfer" entspricht etwa Deiner Oberkörper- und Armlänge.
- Die Arme hängen entspannt an den Seiten.
- Atme ruhig und regelmäßig.
- Beide Füße haben noch Bodenkontakt. Lebe Dich ganz in Deine beiden Füße ein, und werde Dir des festen Halts unter Deinen Füßen gewahr.
- Verlagere nun Dein Gewicht etwas mehr auf den rechten Fuß und das rechte Bein. Sie werden Dein Gewicht tragen.
- Einatmend führst Du beide Arme lang ausgestreckt über den Kopf. Die Handflächen weisen nach vorne, Daumen verhaken.

„Ich gebe dir festen Halt": die „Standwaage"

- Ausatmend neigst Du Dich mit geradem Rücken aus der Leiste heraus nach vorn, gleichzeitig löst Du den linken Fuß vom Boden.
- Deine Hände legst Du in die geöffneten Handschalen Deines „Helfers".
- Fixiere einen festen Punkt in Augenhöhe auf dem Boden unter Dir oder suche den Blickkontakt zu Deinem „Helfer".
- Atme ruhig und regelmäßig.
- Nach etwa 6 bis 10 ruhigen Atemzügen löst Du die Haltung wieder auf und richtest Dich einatmend auf.
- Mit dem nächsten Ausatem läßt Du die Arme sinken, schließt die Augen und spürst nach.

c) „Helfer" und „Übender":
- Spürt beide nach dieser Übung nach.
- Wie habt Ihr Euch in Eurer Rolle als „Helfer" oder „Übender", der Hilfe bekommt, gefühlt?
- Wiederholt die Übung mit dem anderen Bein und indem Ihr die Rollen vertauscht, sodaß jeder einmal „Helfer" und „Übender" sein kann.

Variante (siehe Foto)
Der „Helfer" steht seitlich neben dem Übenden und stützt dessen erhobenes Bein und Oberkörper.

Kommentar:
Jede Gleichgewichtshaltung kann in eine Partnerübung mit „Helfer" und „Übender" umgewandelt werden. Neben dem bereits besprochenen therapeutischen Wert, den diese Körperübungen haben, machen sie uns als „Partnerübungen" unsere eigene innere Einstellung zu „helfen" und „Hilfe annehmen können" bewußt. Es ist ratsam, die Schüler über ihre Erfahrungen sprechen zu lassen; sie mit Fragen wie: „Wie geht es Euch damit, zu helfen bzw. Hilfe zu erhalten?", „In welcher Rolle habt Ihr Euch wohler gefühlt?", „Woran könnte das liegen?", „Konntest Du Dich als ‚Helfer' gut in den anderen einfühlen?", „Fühltest Du Dich als ‚Übender' bei Deinem Partner gut aufgehoben?" zu konfrontieren. Solche Fragen heben innere Vorgänge ins Bewußtsein. Viele Erwachsene haben sich auf eines von beidem, „helfen" oder „helfen lassen" spezialisiert. Auf dieser Ebene wird eine Berufswahl und der Lebensweg eingeschlagen. Wichtig ist, daß wir beides können! Und wir können auf diesem Weg beides lernen. Wir können lernen, daß es keine Schande ist, sich helfen zu lassen. Wir können lernen, daß wir die Verantwortung des „Hilfestellung-Gebens" tragen können. Und wir können die Erfahrung machen, daß wir oft genug anderen genau die Hilfe zukommen lassen, die *wir* uns wünschen oder benötigen.

2. Übung: „Vorbeuge in der Grätsche"

(vgl. Teil I, Kap. III, 25. Übung)
Übungsdauer: wenige (etwa 10) Sekunden bis 1 bis 2 Minuten, je nach Übungspraxis

- Setzt Euch voreinander auf den Boden.
- Die Beine sind lang ausgestreckt und weit gegrätscht.
- Eure Fußsohlen berühren sich.
- Und nun reicht Euch die Hände.
- Sucht den Blickkontakt. Diese Übung wird schweigend ausgeführt.
- Spürt Euch in die Sitzhaltung ein.
- Und nun lehnt sich einer von Euch beiden leicht zurück. Wodurch der/die andere leicht nach vorne gezogen wird.

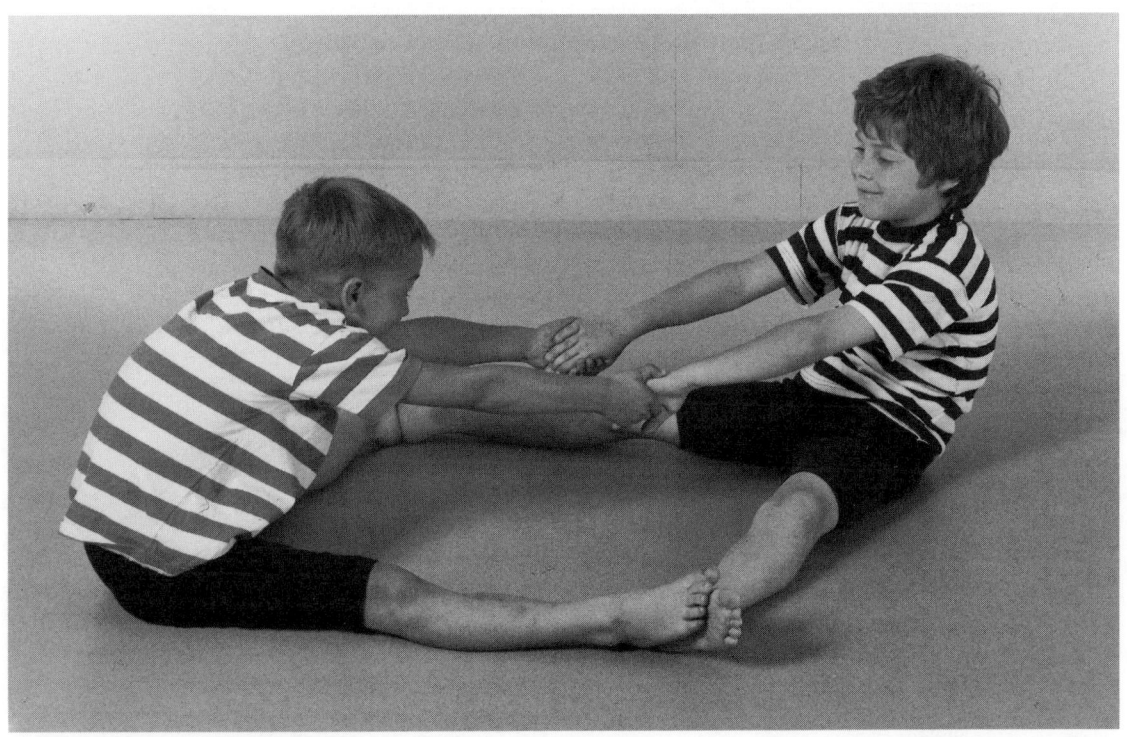

„Vorbeuge in der Grätsche"

- Haltet den Blickkontakt. Der/diejenige, der nach vorne gezogen wird, bestimmt, wie weit und wie lange. Er (sie) signalisiert dies einzig und allein durch den Blickkontakt. Diese Übung erfordert Aufmerksamkeit und Sensibilität für die Bedürfnisse des anderen.
- Dann wird gewechselt.
- Benutzt den „langen entspannenden Ausatem" als Dehn- und Entspannungshilfe, wenn Ihr Euch mit geradem Rücken aus der Leiste heraus nach vorne ziehen laßt.
- Achtet auf Euren Atem! Ist er ruhig und regelmäßig?

- Wenn sich jeder von Euch 3mal nach vorn und zurückgeneigt hat, ist die Übung beendet.
- Spürt in einer entspannten Sitzhaltung nach.

Kommentar:
Auch hier kann der Fragenkatalog „Wie gut hast Du Dich bei dem anderen Menschen aufgehoben gefühlt?" oder „Konntest Du den Blickkontakt gut halten?" Aufschluß über bestimmte innere Einstellungen geben. So ist es beispielsweise gar nicht so leicht, jemand anderem lange in die Augen zu sehen. Augenkontakt ist auch immer ein Akt der Selbstdurchsetzung.

3. Übung: „Zirkuskatzen"

(vgl. Teil I, Kap. III, 11. Übung „Die Katzenreihe")
Übungsdauer: je nach Belastbarkeit variabel

– Die Ausgangshaltung ist die Vierfüßlerhaltung
  – „Katzenhaltung".
– Das Körpergewicht wird gleichmäßig auf
  Hände und Knie verteilt.
– Die Hände sind schulterbreit und die Knie
  beckenbreit auseinander. Der Abstand zwischen den Händen und den Knien entspricht
  der Größe Deines Oberkörpers.
– Schau nach vorne und atme ruhig und regelmäßig.

a)
– Die beiden Partner stehen sich gegenüber.
– Einatmend heben nun beide das rechte Bein
  lang ausgestreckt nach hinten oben an.
– Mit dem nächsten Einatem heben beide den
  linken Arm und legen die Hand dem Partner
  vor ihm auf die Schulter.

– Ruhig und regelmäßig weiteratmen.
– Nach 5 bis 6 Atemzügen laßt Ihr ausatmend
  das rechte Bein wieder in die Ausgangsposition zurückkehren und löst die Hand von der
  Schulter des Partners.

b)
– wie oben
– Allerdings stehen die Partner im Vierfüßler
  nebeneinander.

Kommentar:
Diese Partnerübung erfordert ein „Sich-aufeinander-Einstellen" in einer „Extremsituation", da
beide sich in einer „Gleichgewichtshaltung"
befinden.

Die *1., 2. und 3. Übung* mit jüngeren Schülern:
Nach meiner Erfahrung machen schon bereits
Kinder im Kindergartenalter solche „Selbsterfahrung" mit Begeisterung mit. Kinder haben
instinktiv das Bedürfnis, sich kennenzulernen
und ihre Persönlichkeit abzurunden. Und sie nutzen die Gelegenheiten – wenn wir sie ihnen bieten!
Die folgende Übung ist allerdings erst ab dem 6.
Lebensjahr geeignet.

4. Übung: „Der Atemdialog"[14]

Übungsdauer: etwa 3 Minuten

– Setzt Euch bequem hin, auf einen Stuhl oder
  auf den Boden.
– Der Abstand zwischen Euch sollte etwa 1,5
  Meter betragen. Ihr sitzt einander zugewandt.
– Atmet ruhig und regelmäßig.

---

[14] Vgl. Ilse Middendorf, „Der erfahrbare Atem", S. 179f.

- Konzentriert Euch zunächst auf Euren Atem – in der Nase – beobachtet, wie er durch den Mund- und Rachenraum in die Lungen fließt – und bewirkt, daß sich einatmend die Bauchdecke hebt und senkt.
- Nun bezieht Ihr den Partner in Eure Atmung mit ein:
- Ausatmend streckt Ihr zunächst den rechten Arm und die rechte Hand dem Partner so entgegen, als wolltet Ihr ihm Euren Ausatem zum Geschenk machen. Stellt Euch vor, Euer Ausatem fließt durch den Arm und die Hand zu dem Partner hinüber.
- Einatmend zieht Ihr die Hand wieder zu Euch zurück und legt sie auf den Bauch.
- Ausatmend wendet Ihr Euch durch die Hand-/Armbewegung wieder dem Gegenüber zu.
- Achtet darauf, daß Eure Hand- und Armbewegung Eurem Atemrhythmus entspricht.
- Diese Atembewegung ist wie ein Gespräch, ein Dialog.
- Wie geht es Euch dabei? Wie fühlt Ihr Euch?

- Du meinst den anderen, und der/die andere meint Dich!
- Jeder bleibt bei seinem Rhythmus. Atem und Bewegung sind eins.
- Ihr begegnet Euch. – Ohne Schnörkel. – Ihr sprecht miteinander auf vollkommenste Weise.
- Wenn die rechte Hand ermüdet, könnt Ihr mit der linken weitermachen.

Kommentar:
Der „Atemdialog" ist eine anregende Übung mit vielen Erfahrungsmöglichkeiten. Manche locken und fühlen sich gelockt. Andere fordern heraus oder fühlen sich herausgefordert. Jeder „spricht" auf seine Weise und fühlt sich auf seine Weise „angesprochen".
Es ist wichtig, den Schülern nach dieser Übung die Möglichkeit zu geben, ihre eben gemachten Erfahrungen in aller Ruhe und ganz für sich zu überdenken. Danach sollte darüber gesprochen werden.

V. Lebendiger Unterricht

Vielleicht kennen Sie ja die folgende Situation aus eigener Erfahrung: Ein Dozent einer Universität hält vor dem Auditorium einen Vortrag. Die Zuhörerschaft, meist Studenten, ist sehr interessiert, denn der Mann ist eine Kapazität, „versteht was von seinem Fach". Alles hört aufmerksam dem Professor zu, der sachlich und mit monotoner Stimme referiert. Doch gerade dieser sachlich monotone Ton ermüdet. Nach dem Vortrag gehen die Studenten frustriert nach Hause. Ab einem bestimmten Punkt konnten sie sich ganz einfach nicht mehr konzentrieren. Na ja, dann wird es eben „nachgearbeitet". Auch der Dozent verläßt mißgestimmt den Hörsaal. Er weiß, sein Vortrag war gut, und doch hat er die nachlassende Aufmerksamkeit unter der Zuhörerschaft deutlich bemerkt. So etwas kommt leider recht häufig vor, und das ist schade, denn es muß nicht sein!

Daß so etwas nicht sein muß, weiß jeder, der schon einmal einen „anderen" Dozenten erlebt hat. Einen Dozenten, der sehr lebendig und anschaulich „mit Händen und Füßen" über sein Thema referiert und die Zuhörerschaft regelrecht in seinen Bann zieht. Die Studenten sind „voll dabei", vergessen vielleicht das Mitschreiben, aber was sie in dieser Zeit erfahren haben, „das sitzt". Ob mit Absicht oder nicht, dieser Dozent hat es verstanden, sein Wissen auf mehreren Ebenen gleichzeitig zu vermitteln. Er vermittelte sein Wissen nicht nur auf eine rein sachliche Weise, sondern er sprach seine Zuhörerschaft auch emotionell und visuell an, regte sie zum Mitdenken an und sorgte dafür, daß sein Vortrag für alle Zuhörer ein „Erlebnis" wurde. Lernen geschieht immer auf allen Ebenen, und wir tun gut daran, diese auch zu nutzen.

„Verstehen ist nicht dasselbe wie Wissen –
verstehen ist etwas, das tief in die
Seele dringt."

Hanno Alfven
Nobelpreisträger für Physik 1970

Die Schule legt ihren Hauptschwerpunkt zunehmend auf die intellektuelle Vermittlung von Wissen. Während des Unterrichts müssen die Kinder „stillsitzen". Lernen geschieht eingepreßt zwischen unbequemen Tischen und Stühlen und nach engem Stundenplan. Die Bewegungserziehung in der Schule beschränkt sich in der Regel auf eine oder zwei Turnstunden in der Woche. Die körperlichen Übungen werden vom allgemeinen Unterricht und der geistigen Entwicklung des Kindes getrennt betrachtet, behandelt und gelehrt. Darüber hinaus ist der Sportunterricht leistungsbezogen, er wird benotet und

bietet nur wenig Möglichkeiten für lustvolle und entspannende Körpererfahrung. Die körperlichen Aktivitäten in den Pausen auf dem Schulhof dienen lediglich dem Aggressionsabbau und Ausgleich. Die Kinder toben sich aus, damit sie anschließend wieder leichter „stillsitzen" können.

Der körperliche Selbstausdruck der Kinder und Jugendlichen wird auf diese Weise nicht nur stark eingeschränkt, sondern es wird auch der Eindruck vermittelt, als seien spielerische Bewegung, spontane Aktivitäten und körperliches Wohlgefühl weniger wichtig.

Wir lernen mit dem Kopf und unserem ganzen Körper. Und wir erinnern uns mit dem Kopf und dem ganzen Körper. Lehrer laufen vor der Klasse „auf und ab", Manager „joggen" oder „gehen spazieren" und erhalten so plötzlich Einsichten für die Lösung eines Problems. Die einseitige Betonung des kognitiven Lernens sprengt die angeborene Ganzheit des Körpers. Die ständigen Ermahnungen „sitz doch still", „zappel nicht so rum", „klopf nicht mit dem Bleistift auf den Tisch", „hör auf, dauernd mit dem Stuhl zu wippen" usw. könnten überflüssig werden, wenn der Lehrer erkennt, daß körperliche Bewegungen Lernhilfen sind und diese bewußt auf spielerische und kreative Weise in seinen Unterricht integriert.

Als Kind und Jugendlicher befindet sich der Mensch auf dem Weg zum Erwachsenendasein; er ist im wahrsten Sinne der Worte „in Bewegung". Jeder, der sich an seiner Umwelt erfährt, seinen Platz im Leben sucht und daran wächst, ist in Bewegung – ein Leben lang. Es ist die Geschicklichkeit, Energie und Lebendigkeit des Körpers, die uns „nach dem Leben greifen" und unser „Leben in die Hand nehmen" läßt, indem wir gelerntes theoretisches Wissen in praktische Handlungen umsetzen. Und es ist letztlich unser Körper, der uns fühlen läßt, ob wir mit uns, unseren Wünschen, Zielen, den Mitmenschen und der Natur in Harmonie leben oder nicht.

Körperliche Bewegungserziehung fördert nicht nur eine zufriedenstellende motorische Koordination und Körperbeherrschung sowie eine gesunde Körperhaltung und Atmung. In der natürlichen kindlichen Lust, sich zu bewegen, sich phantasievoll und mit allen Fasern seines Herzens in andere Lebewesen, Situationen und Dinge hineinzuversetzen und auf diese Weise sich und die Umwelt tiefer zu ergründen und ken-

nenzulernen, liegt auch eine große Lernchance. Wir können und sollten dieses Potential nutzen. Das Einbinden von körperlichen Aktivitäten und Bewegung in den sportfremden pädagogischen Unterricht hilft, abstrakte Informationen zu verinnerlichen, hilft Wissen in ein tieferes Verständnis für sich und die Umwelt zu verwandeln.

Die folgenden Vorschläge, wie körperliche Bewegungen harmonisch in den Unterricht einbezogen werden können, sind als Denkanstöße zu verstehen, als Impulse, die der Lehrer gemeinsam mit seiner Klasse aufgreifen, umsetzen und weiterentwickeln kann.

Lebendiger Deutschunterricht

1. Übung: „Lebendige" Buchstaben

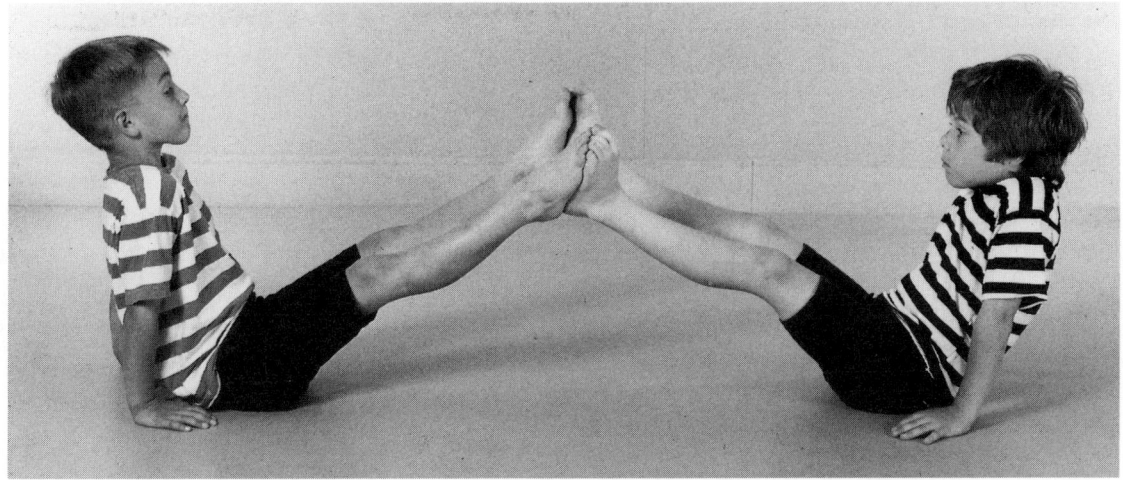

„Lebendige" Buchstaben: „W"

Allein, zu zweit oder in der Gruppe überlegen sich die Schüler, wie sie die Buchstaben (ihres Namens, in alphabetischer Reihenfolge, ihres Wohnortes, ihres Lieblingstieres usw.) körperlich darstellen können.
z.B.

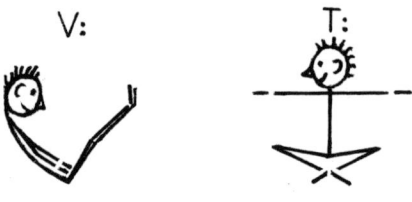

Kommentar:
Vor allen Dingen für die kleineren ABC-Schützen ist diese Übung gut geeignet.

2. Übung: „Eine bewegte Märchenstunde"

Der Lehrer liest ein Märchen (Geschichte) vor. Bereits die „Märchenstunde" erlaubt den Schülern, sich zu entspannen und ihr eigenes kreatives Potential zu erleben: Die Kinder setzen oder legen sich bequem hin, eventuell wird der Raum abgedunkelt und eine Kerze angezündet. Die leise und ruhige Stimme des Lehrers oder auch meditative Hintergrundmusik unterstützen die innere Einstimmung auf dieses Märchen.

Danach wird im Gespräch der eigene Bezug zu diesem Märchen oder der Geschichte erörtert. Die Kinder können nun Kleingruppen bilden und sich überlegen, wie sie die Geschichte in „bewegten Bildern" nachspielen würden.

3. Übung: „Ein Bild wird zum Leben erweckt"

Die Schüler betrachten eingehend und schweigend ein Bild. Sie machen sich die Stimmung, wie sich dieses Bild auf ihre Gefühlswelt auswirkt, bewußt. Anschließend versuchen sie, jeder für sich alleine oder in Kleingruppen, eine „bewegte Phantasiegeschichte" daraus zu machen.

4. Übung: „Wir erfinden eine bewegte Bildergeschichte"

Der Lehrer schreibt einige Worte und Begriffe an die Tafel. Die Kinder haben genügend Zeit, sich auf die Bedeutung dieser Worte einzustimmen. Meditative ruhige Hintergrundmusik hilft ihnen, ihre eigene bunte Bilderwelt hierzu zu entfalten. Anschließend können sie ihre Phantasien entweder in ein Gemälde übersetzen und/oder in eine „bewegte Geschichte".

Lebendiger Physikunterricht

1. Übung: „Die Schwerkraft wahrnehmen"

Die Schwerkraft oder Erdanziehungskraft wirkt ständig auf uns ein. Wir nehmen sie nicht oder nur selten wahr, denn wir haben uns an sie gewöhnt. Wir haben gelernt, damit zu leben. Es gibt allerdings bestimmte Körperhaltungen, die uns die Wirkung der Schwerkraft wieder bewußt machen:

a) Die Ausgangshaltung ist der „aufrechte Stand":
 - Einatmend das rechte Bein leicht anheben,
 - ruhig und regelmäßig atmend in dieser Gleichgewichtshaltung verharren,

 - spüren, wie das angehobene Bein mit der Zeit immer schwerer und schwerer wird.
 - Ausatmend den rechten Fuß wieder auf die Erde stellen.
 - Die Übung mit dem anderen Bein wiederholen.

b) Die Ausgangshaltung ist der „aufrechte Sitz" auf dem Stuhl:
 - Einatmend das rechte Bein leicht anheben,
 - ruhig und regelmäßig atmend in dieser Haltung verharren,
 - spüren, wie das angehobene Bein mit der Zeit immer schwerer und schwerer wird.
 - Ausatmend das rechte Bein wieder auf die Erde ablegen.
 - Die Übung mit dem anderen Bein (mit beiden Beinen) wiederholen.

Kommentar:
Ungewohnte Körperhaltungen und Bewegungen machen uns die Schwerkraft wieder bewußt. Dieselbe „Beinhebeübung" ließe sich nun auch noch in der Rückenlage ausprobieren.

2. Übung: „Druck erzeugt Gegendruck"

Mit den folgenden Übungen können wir uns ein bekanntes physikalisches Gesetz auf lebendigste Weise bewußt machen:

a) Die Ausgangshaltung ist der aufrechte Stand:
 - Die Schwerkraft wirkt ständig auf uns ein, sie drückt oder zieht uns nach unten.
 - Auf diese Weise üben wir durch unser eigenes Körpergewicht einen gewissen Druck auf den Boden unter unseren Füßen aus.
 - Wir spüren in die Füße hinein, spüren den Bodenkontakt unter den Fußsohlen und „machen uns noch schwerer", indem wir die Knie leicht anwinkeln und den Oberkörper leicht nach vorn neigen.
 - Wir spüren den Druck, den wir auf den Boden ausüben.
 - Aber Druck erzeugt Gegendruck. In dem Maße, in dem wir Druck auf den Boden

unter uns ausüben, kommt uns auch eine aufrichtende Kraft von unten nach oben entgegen!
- Mit unseren flexiblen Knien fangen wir diese Kraft von unten auf, üben wieder neuen Druck nach unten aus usw. – wir beginnen leicht zu wippen.
- Wir machen uns bewußt, daß wir uns im Wippen nur aufrichten, weil wir zuvor mit der Kraft der Oberschenkel über die Knie Druck auf den Boden unter den Füßen ausgeübt haben.
- Und nun verstärken wir den Druck von oben nach unten mehr und immer mehr – nicht mehr wippen – wir sammeln die Kraft
- und nun: Spring! (vgl. Teil II, III. Kap., 2. Übung)

b) „Beckenhebeübung" in der Rückenlage:
- Die Ausgangshaltung ist die „Rückenlage". Beide Beine sind angewinkelt, die Füße stehen nebeneinander, die Hände liegen mit den Handflächen nach unten an den Seiten.
- Einatmend lösen wir das Gesäß/Becken vom Boden und heben es hoch in die Luft.

- Wir beobachten genau, wie dieser Vorgang funktioniert.

- Wie hebe ich mein Becken an?
- Wir haben es auch hier mit dem Gesetz „Druck erzeugt Gegendruck" zu tun. Indem wir mit den Oberschenkeln über die Knie Druck auf die Füße ausüben, kommt uns Kraft von unten entgegen. Da, wo der Körper flexibel ist, kann er dieser Kraft nachgeben und sich aufrichten. In diesem Fall ist es der Bereich des Beckens, der sich in einem Bogen nach oben spannt.
- Wenn wir den Druck der Oberschenkel auf Knie und Füße reduzieren, senkt sich das Becken wieder.

c) „Bein- und Beckenhebeübung":
- Diese Übung wird an die Übung b) unmittelbar angeschlossen.
- In der Beckenhebeübung lösen wir den rechten Fuß vom Boden und strecken das Bein lang aus, so daß es über dem Boden schwebt.
- Da nur noch ein Bein und ein Fuß (in diesem Fall das linke) Druck auf den Boden ausübt, erhalten wir auch weniger Gegendruck von unten. Die Beckenhebeübung wird schwieriger.
- Und nun wird der rechte Fuß auf das linke Knie aufgesetzt: Das rechte Bein übt nun wieder über das linke Knie Druck auf den Boden aus – wir erhalten wieder mehr Gegendruck von unten. Die Übung fällt uns wieder leichter, das Becken hebt sich etwas höher.

Kommentar:

Daß „Druck Gegendruck erzeugt", ist sicherlich nicht die allerneueste Nachricht. Aber es ist eine spannende Erfahrung, dieses Gesetz im Umgang mit dem eigenen Körper bewußt wahrzunehmen. Genaugenommen haben wir bereits als Kind, als wir uns aufrichten und laufen lernten, mit dieser Gesetzmäßigkeit Bekanntschaft gemacht. Ohne von dieser Gesetzmäßigkeit bewußt zu wissen, mußten wir sie jedoch erkennen und zutiefst innerlich verstehen lernen – sonst hätten wir nie laufen gelernt!

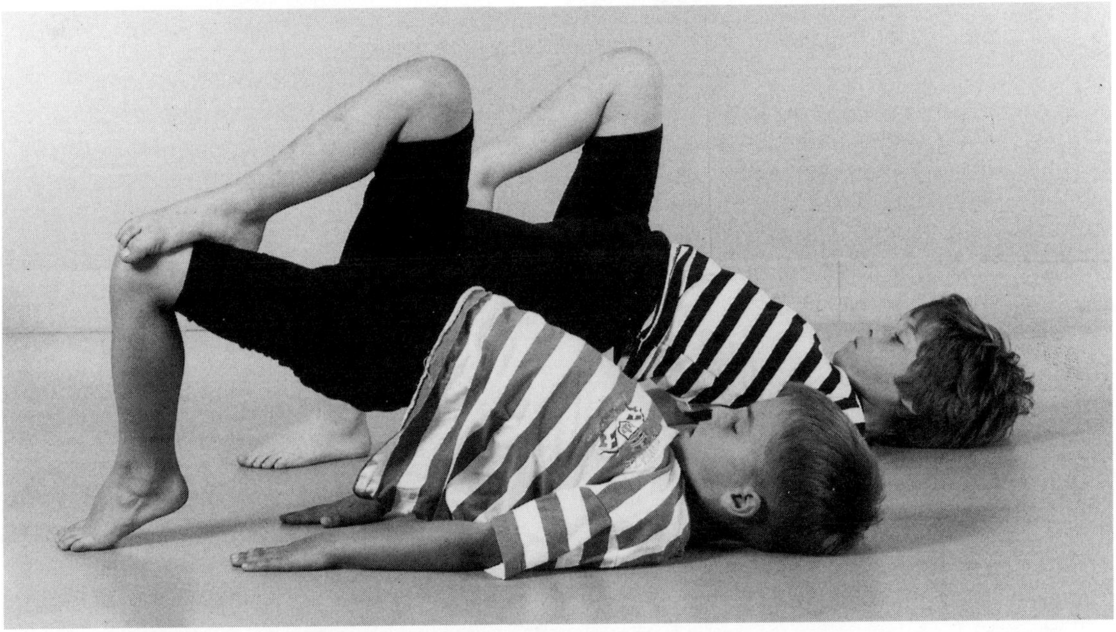

„Druck erzeugt Gegendruck": Bein- und Beckenhebeübung

3. Übung: **„Das Hebelgesetz"**

Die genauen Übungsanleitungen zu den beiden folgenden Übungen sind in Teil I, III. Kap. „Anregende entspannende Körperübungen" (5. und 8. Übung) zu finden.
Indem wir uns zuerst in der „Dreieckshaltung" (a) nach rechts und links beugen und dann in der „Halbmondhaltung" (b) die Seitbeugen wiederholen, können wir die Wirkung eines verlängerten Hebels (in diesem Fall die nach oben gestreckten Arme) auf unseren Rücken bewußt wahrnehmen.

Es bieten sich vielfältige Möglichkeiten zum „bewegten Lernen" im ganz „normalen" Schulunterricht:

- Ein *lebendiger Mathematikunterricht* könnte über die Zusammenarbeit in Kleingruppen hinaus gerade jüngere ABC-Schützen dazu motivieren, Zahlen durch Körperhaltungen darzustellen oder „bewegte" Rechenaufgaben zu lösen.

- In einem *lebendigen Geographieunterricht* könnte sich die ganze Klasse vorstellen, daß sie eine Reise macht – nach Afrika, nach Australien, zum jeweiligen Unterrichtsthema. Entweder über eine Visualisationsübung oder, indem man die Reise körperlich darstellt (beispielsweise mit dem Boot – siehe Teil I, Kap. III, 27. Übung: „Das Boot"), mit dem Segelboot (siehe Teil I, Kap. III, 15. Übung: „Drehhaltung im aufrechten Kniestand" – im Sitzen mit lang ausgestreckten Beinen), mit dem Ruderboot (siehe Teil I, Kap. III, 26. Übung: „Der Kniekuß" – im „hau ruck!"-Verfahren) oder mit dem Zug (alle Kinder sitzen hintereinander: „schschsch"). Dabei kann man auch Tiere und Begebenheiten darstellen, die zu einer solchen Reise („Koffer packen" – was gehört alles hinein? Ist es dort warm oder kalt?) , oder die zu dem betreffenden Land gehören („wilde Löwen" – siehe Teil I, Kap. V, 2. Übung: „Der Löwe"; einen Tiger „auf dem Sprung" – siehe Teil I, Kap. III, 10. Übung: „Die Tigersprunghaltung" usw.).

Oder man kann bei älteren Schülern meditative Musik aus den betreffenden Ländern anbieten.

Dies sind nur wenige Beispiele. Es bedarf von Ihrer Seite einer gewissen Experimentierfreude und Einfühlungsvermögens, was gerade in „dieser Klasse" mit „diesen Schülern" zu „diesem Thema" an „diesem Tag" möglich ist, um die Schulstunde in einen für alle Beteiligten „bewegten Unterricht" zu verwandeln. Damit machen Sie sich nicht zum „Entertainer für lernunwillige Schüler", aber Sie können sich die Freude am Lehren und den Schülern die Freude am Lernen wieder näherbringen. Auch die Freude am Lehren und Lernen will gelernt sein!

Nach meinen Erfahrungen lassen sich sogar „ältere Schüler", also ab dem 14., 15. Lebensjahr, und auch Erwachsene auf körperliche Bewegungen und Phantasiereisen nicht nur ein, sondern sie lassen sich dafür begeistern.

VI. Vertiefende Themen

Gerade die etwas älteren Schüler und Schülerinnen, etwa ab dem 14.,15. Lebensjahr, stehen in dem Ruf „gleichgültig" und „wenig motiviert" zu sein. Jedenfalls sind dies resignierte Aussagen mancher Lehrer, die vergeblich nach einem gewissen Engagement für allgemeine Themen und gesellschaftliche Probleme suchen, welches „über die schulisch geforderten Leistungen" hinaus reicht.

Wenn wir diese scheinbare „Interesselosigkeit" in Zusammenhang mit der Suchtproblematik, den Selbstmordversuchen, den Depressionen und der steigenden Kriminalität unter den jugendlichen Schülern sehen, dann wird deutlich, daß diese „Null-Bock-Haltung" eher ein Ausdruck von Resignation ist. Und ich denke, wir Erwachsene müssen ganz einfach sehen, daß Kinder und Jugendliche in mancher Hinsicht schlechtere Zukunftsperspektiven haben als wir, die heutigen Erwachsenen, in unserer Jugend. Die Zukunft unserer Kinder ist schon heute mit schweren Hypotheken belastet. Die Umweltproblematik beispielsweise ist ein Problem für die heutigen Kinder und Jugendlichen. Und viele haben ganz einfach das Gefühl, „daß man ja sowieso nichts dagegen tun kann", „daß sowieso alles sinnlos ist". Also – wozu lernen? – wozu sich engagieren? Die Antwort ist diese „Null-Bock-Haltung", die manche Jugendliche einnehmen.

Am 30. Mai 1992 strahlte das Fernsehen über West 3 eine bemerkenswerte Sendung mit dem Titel „Umdenken oder verrecken" aus. In dieser Dokumentation mahnte der bekannte Atomphysiker Fritjof Capra eindringlich zu einem radikalen ökologischen Umdenken. Er bezeichnete die 90er Jahre, das letzte Jahrzehnt in diesem Jahrhundert, als „das Alles-Entscheidende", denn bis zum Jahre 2030 müsse eine „ökologisch beständige Gesellschaft" geschaffen werden, die in der Lage ist, all die komplexen Probleme wie „Ozonloch", „Luftverschmutzung", „allgemeiner Temperaturanstieg auf der Erde", „verschmutztes Trinkwasser" und die damit verbundenen katastrophalen Folgen zu lösen. „Ansonsten ist alles zu spät!"

Er wies darauf hin, wie verknüpft die Probleme „Konsumverhalten der reichen Industrienationen", „Hunger in der Welt", „Krieg" und „Umweltzerstörung" sind. Tatsächlich liegt der erste Schritt bei uns selbst, dem eigenen Denken, Handeln und seine Folgen:

„Viele kleine Leute
an vielen kleinen Orten,
die viele kleine Schritte tun,
können das Gesicht der Welt verändern."

Ich glaube, es ist gerade für Kinder und Jugendliche außerordentlich wichtig, wenn sie begreifen, daß sie selbst ein Teil dieses „Gesichtes der Erde" sind. Es lohnt sich also, an sich zu arbeiten, sich zu informieren und zu engagieren, denn damit verwandeln wir diese Erde in einen schönen, friedlichen, gesunden Planeten.

Lebendige Naturerfahrung

„Alle Lebewesen haben mehr oder weniger eine kosmische Mission auf der Erde. Die Erhaltung der Erde hängt von vielen verschiedenen Tierarten ab, von denen jede eine besondere und bestimmte Aufgabe hat. Die Tiere ernähren sich, leben, pflanzen sich fort, d.h., sie haben einen Lebenszyklus, der einer besonderen Aufgabe im Verhältnis zum Leben der anderen entspricht. Heute weiß z.B. jeder, daß das Aussterben einer Tierart an einem bestimmten Ort die Harmonie stört, denn, ich wiederhole, das Leben der einen steht in Beziehung zum Leben der anderen. Das Leben wird folglich als Energie betrachtet, die das Leben selbst erhält.

Nun möchte ich eine Frage stellen: Hat nicht auch der Mensch eine kosmische Mission auf dieser Erde zu erfüllen?"

Maria Montessori [15]

Angesichts der Zerstörung der Umwelt ist die „Ökopädagogik" zu einem wichtigen Bestandteil des Schulunterrichts geworden. Den Schülern werden Fakten vermittelt, Kenntnisse darüber, wie sich ihr eigenes Konsumverhalten und das ihrer Familie auf die Umwelt auswirkt. Sie können mit Hilfe des gelernten Hintergrundwissens Zusammenhänge zwischen menschlichem Verhalten und den Reaktionen in der Natur erkennen. Sie kennen Zusammenhänge zwischen dem Gebrauch von Spraydosen und der Ozonschicht; sie wissen, was der Raubbau an den Regenwäldern letztendlich für uns und die Erde bedeutet; sie können in den schulischen Labors chemische Untersuchungen darüber anstellen, wie sich bestimmte Substanzen auf die Qualität des Trinkwassers auswirken. Aber können diese Kenntnisse aus dem Lehrbuch auch dabei helfen, daß sich der Mensch selbst, seine zutiefst innere und eigene Beziehung zur Natur und zum

Leben wandelt? Naturschutz bedeutet, daß das Gelernte auch praktisch angewandt wird. Aus diesem Grund legen manche Schulen mit ihren Schülern Biotope oder Komposthaufen an oder arbeiten in Naturschutzgebieten mit.

Durch praktische Arbeiten in der freien Natur wird Nähe und eine lebendige Beziehung zur Erde hergestellt. Die Freude daran und die Liebe zu den Pflanzen und Tieren wird gefördert. Der Mensch lernt wieder, sich für diese Erde, für ihr Wohl und ihre Gesundheit, welches mit seinem eigenen Wohlbefinden einhergeht, zuständig und verantwortlich zu fühlen.

Ein Aspekt zum Thema „Ökopädagogik" erscheint mir jedoch noch etwas vernachlässigt. Wenn wir uns mit der Natur befassen, so haben wir es auch mit unserer eigenen „inneren menschlichen Natur" zu tun. Naturschutz bedeutet auch, die eigenen menschlichen Wünsche, Triebe und Bedürfnisse näher zu betrachten, denn die bestimmen letztendlich unser Verhalten und die Art unseres Konsums.

Wenn wir den Werbeslogans von Industrie und Handel Glauben schenken, dann können wir nur mit einem bestimmten Auto, blütenreiner Wäsche oder dem Erwerb oder Konsum weiterer Güter glückliche und zufriedene Menschen sein. Mit einer rasch angezündeten Zigarette lassen sich Ärger und Aufregung betäuben. Mit Alkohol, Süßigkeiten oder einer rasenden Autofahrt helfen wir uns über Gefühle der Einsamkeit oder des Nicht-geliebt-Seins hinweg. Ein protziges Auto, ein vorzeigbarer Partner, schicke Kleidung und ein perfektes Make-up täuschen über Minderwertigkeitsgefühle hinweg. Wir klagen häufig darüber, daß wir vor lauter Arbeit und Hektik keine Zeit mehr für uns selbst haben. Aber wir vermeiden in Ruhephasen die Begegnung mit

---

[15] Maria Montessori, „Frieden und Erziehung", S. 108

uns selbst, indem wir uns vor den Fernseher setzen, allabendlich in Kneipen und Diskotheken das „Bad in der Menge" suchen oder uns sonstigen Aktivitäten hingeben.

Aber Autoabgase oder Zigarettenrauch verpesten die Luft; Kosmetik wird auch durch Tierversuche getestet; das Wasser, mit dem wir uns, unsere Kleidung oder unser Auto auf Hochglanz polieren, wird vom Waschen schmutzig; die Herstellung der Konsumgüter belastet die Umwelt, und die Abfallprodukte unseres Konsums, Müll und Dreck, sind bereits zu Bergen angewachsen.

„Ökopädagogik" bedeutet, einmal innezuhalten und sich ernsthaft die Frage zu stellen: „Brauche ich das alles wirklich? Befriedigen mich all die Dinge tatsächlich? Machen sie mich gesünder oder glücklicher? Und wie wirkt sich mein Konsum auf die Umwelt aus?" In einer kranken Umgebung können wir nicht gesund sein. In einer unglücklichen Welt können wir nicht wirklich glücklich sein. Wenn wir den Ast, auf dem wir sitzen, absägen, können wir selbst nicht überleben. Durch solche Überlegungen beginnen wir damit, nach anderen, in Beziehung zur Umwelt vernünftigeren und gesünderen, Formen der Bedürfnisbefriedigung zu suchen.

Lebendige meditative Naturerfahrung im Unterricht

Die in diesem Buch vorgestellten meditativen Übungen sind sicherlich kein „Allheilmittel", aber sie schaffen die Voraussetzungen dafür, daß sich der einzelne Mensch wieder mehr mit sich und seinen tatsächlichen Bedürfnissen konfrontiert. Sie machen uns wieder unsere eigene

Lebendigkeit und Liebesfähigkeit bewußt. In der Art, wie wir diese Übungen praktizieren, üben wir den achtsamen Umgang mit uns und anderen. Wir lernen, uns wieder mehr in andere Menschen und Wesen einzufühlen, und Ehrfurcht und Respekt vor anderen Individuen, vor der gesamten Vielfalt allen Lebens zu entwickeln. Wir lernen, Tiere und Pflanzen nicht länger nur unter dem Aspekt selbstsüchtiger Bedürfnisbefriedigung und Gewinnstrebens zu betrachten, sondern wir fangen an, ihre Schönheit und ihren Zauber zu sehen. In dem Maße, in dem der Mensch beginnt, sich selbst zu lieben und zu heilen, ist er in der Lage, eine liebevolle und heilsame Beziehung zur Natur herzustellen.

1. Übung: „Der natürliche Sitz auf dem Boden"

Vorbereitende Überlegungen und Informationen:

„Was", wird jetzt so mancher Leser denken, „was hat denn die Sitzgelegenheit mit ‚meditativer Naturerfahrung' zu tun?"
Die Antwort ist: „Mehr als wir denken".
Die Natur hat uns, den menschlichen Körper, auf eine Art und Weise konzipiert, damit er in einer „natürlichen Sitzhaltung auf der Erde" seine Körperfunktionen aufrechterhalten kann. Zu diesen Körperfunktionen zählen im wesentlichen die gute Durchblutung des Verdauungsapparates und des gesamten Bauchraums, die Kräftigung der Bauch- und Rückenmuskulatur durch eine entspannt aufrechte Haltung und die damit verbundene freie Atmung. Eine aufrecht entspannte Sitzhaltung auf dem Boden ist gesund! Natürlich

haben viele dies im Laufe der Jahre verlernt und müssen sich erst wieder die dazu erforderliche Beweglichkeit der Gelenke und Dehnfähigkeit der Muskulatur in kleinen Schritten erarbeiten, aber – es lohnt sich!

Und es gibt noch einen Grund: Halten wir uns doch einmal vor Augen, welche Länder am meisten zur Zerstörung der Natur beigetragen haben. Welche Menschen haben sich der Natur und ihren Wesen so weit entfremdet, den Kontakt zu ihr verloren? Und wie sitzen sie in aller Regel? Sie sitzen auf Stühlen, wenn es sein muß, sogar auf dem Klappstuhl am Strand! Und welche Länder und Kulturen, Menschen und Naturvölker haben noch eine gute Verbindung, einen guten Kontakt zur Natur? Und wie sitzen sie in aller Regel? Im Schneidersitz auf der Erde. Ich halte dies nicht für einen Zufall. Der körperliche Kontakt stellt eine unmittelbare Nähe zur Erde unter uns her, zur „Erde, die uns trägt". Die Übungsanleitungen zum „natürlichen Sitz auf der Erde" (mit und ohne Kissen) und einige der vorbereitenden Übungen sind in Teil I, Kap. III, 17. bis 20. Übung zu finden.

Da viele der in Teil I bereits vorgestellten Übungen Tiernamen und andere Bezeichnungen aus der Natur tragen, ist es für kleine und große Kinder ein leichtes, sich damit in diese Lebewesen hineinzuversetzen. Indem die Erfahrungen eines bestimmten Lebewesens Schritt für Schritt „nachgespielt" werden, werden die Kinder motiviert, die verschiedenen Vorgänge in der Natur aufmerksamer zu verfolgen und zu erforschen. Die folgenden beiden Übungsreihen sind als Vorschläge zu verstehen, wie Yoga in Verbindung mit meditativer Naturerfahrung praktisch umgesetzt werden kann. Ich gehe davon aus, daß Lehrer und Schüler diese Übungsreihen durch eigene Ideen ergänzen und variieren werden.

2. Übungsreihe: „Wir lassen einen Baum wachsen"

Vorbereitende Überlegungen und Informationen:

Pflanzen haben das „gewisse Etwas", und wir Menschen reagieren darauf. Wir suchen ihre Nähe. In der Freizeit regenerieren wir uns durch einen Spaziergang in der freien Natur, im Wald oder in einem nahen Park. Wir ruhen uns gern im Schatten der Bäume aus, lauschen dem leichten Rauschen der Blätter. Wir stellen Pflanzen in unsere Wohnung, weil sie die Atmosphäre positiv beeinflussen. Und es gibt kaum ein Fest, an dem nicht ein Blumenstrauß oder vielleicht eine Rose verschenkt wird.

Ein Leben ohne Pflanzen ist unmöglich, denn sämtliche Lebensgrundlagen beruhen auf dieser „grünen Haut" der Erde. Ohne sie haben wir keine sauerstoffhaltige Luft zum Atmen und kein sauberes Trinkwasser. Wir ernähren, kleiden und wärmen uns mit pflanzlichen Rohstoffen. Wir kurieren Krankheiten mit Heilpflanzen. Ja, selbst das Dach über dem Kopf, Möbel, Musikinstrumente, Papier und vieles mehr haben wir durch sie. Die Folge davon ist ein intensiver Gebrauch dieser Bäume und Pflanzen, der in diesem Jahrhundert zu einer dramatischen Reduzierung der Waldbestände, insbesondere der tropischen Regenwälder, geführt hat.

In der Vorbereitungsphase ist es sinnvoll, mit den Kindern nicht nur darüber zu sprechen, wie wichtig Bäume für unser Überleben sind, sondern auch zu verdeutlichen, daß diese Wesen auch über ihren Nutzaspekt hinaus ein „Lebensrecht" haben. Jeder Baum möchte wachsen und sich entfalten – genauso wie wir! Fakten, Mythen, Märchen und Gedichte in Kombination mit den praktischen Übungen können uns das Wesen eines Baumes oder einer Pflanze nahebringen.

- Was ist Dein *Lieblingsbaum?* Was ist Deine Lieblingspflanze? Was macht Deinen Lieblingsbaum (Lieblingsblume) so besonders? Vergegenwärtige Dir ihr Aussehen, ihren Duft, wie sie sich anfühlt usw.
- Welche besonderen *Lebensbedingungen* braucht diese Pflanze?
- *Symbolik:* Wir kennen den Begriff des „Lebensbaums" in vielen verschiedenen Kulturen, was angesichts der ökologischen Bedeutung der Bäume für das Leben auf diesem Planeten verständlich ist. Auch bei uns hat der Baum zu bestimmten Festen seine besondere Bedeutung (z.B. der Christbaum, der Maibaum, beim Richtfest usw.).
Umgangssprachlich benutzen wir die Vorstellung von „jemandem, der sich gegen einen Widersacher auf*bäumt*", oder der „so stark ist wie ein Baum".
- *Ökologischer Verbund:* Wälder sind die artenreichste Vegetationsform auf unserer Erde. Die Pflanzen erfüllen mehrere wichtige Funktionen für das ökologische Gleichgewicht auf dieser Erde:
Durch die Photosynthese stellen Pflanzen aus Wasser und Kohlendioxyd mit Hilfe der Sonnenenergie Zucker her. Zugleich erzeugen sie durch ihre eigenen Stoffwechselvorgänge eine sauerstoffreiche Atmosphäre. Mit

den Wurzeln nehmen sie das Wasser und die gelösten Stoffe bis in ihre Blätter auf, wo die Feuchtigkeit verdunstet und wieder auf die Erde zurückfällt. Auf diese Weise sind sie die wichtigsten Mittler im Lebenskreislauf des Wassers. So verdunsten die Blätter einer gewöhnlichen Sonnenblume täglich bis zu einem Liter Wasser. Eine einzige Birke mit etwa 200.000 Blättern vermag Tag für Tag etwa 70 Liter Wasser aufzunehmen und durch Verdunstung wieder an die Atmosphäre abzugeben.[16] Das sind etwa 490 Liter Wasser in der Woche, 1.760 Liter im Monat und 11.120 Liter im Jahr – eine einzige Birke!
Die Pflanzen halten sich nicht nur mit ihren Wurzeln in der Erde fest, sie halten den Boden fest, schützen ihn vor Bodenerosion, bewahren ihn vor dem Austrocknen und liefern alljährlich im Herbst durch das absterbende Laub wieder neue Rohstoffe für einen fruchtbaren Boden.
- *Ein Naturphänomen zur Vorbereitung:* Im Frühjahr können wir an alten Straßen oder auf dem Bürgersteig manchmal folgendes beobachten: Der asphaltierte Weg oder die Straße scheint sich an einer Stelle leicht anzuheben. Wir sehen einen kleinen Buckel, der mit der Zeit immer deutlicher wahrnehmbar wird. Irgendwann bekommt die harte Straßendecke Sprünge, und eines Tages sehen wir eine kleine, zarte Pflanze, die sich durch die Risse hindurch nach oben zum Licht drängt. Wenn wir diese Pflanze näher untersuchen, dann stellen wir fest, daß es sich um eine ganz gewöhnliche Pflanze handelt. So zart, daß wir

---

[16] Vgl. Peter Tompkins / Christopher Bird, „Das geheime Leben der Pflanzen", S. 9

sie mit unserem Daumen zerdrücken könnten. Und doch kann diese Pflanze etwas, was wir nicht können. Sie drückt eine asphaltierte Straßendecke nach oben. Wie macht sie das? Die violette Luzerne (Medicago sativa) streckt auf der Suche nach Wasser ihre Wurzeln bis zu 12 Metern tief in die Erde und ist sogar in der Lage, Beton zu durchbohren.

In den Prärien des Mississippi-Tales wächst die Kompaßpflanze (Silphium lacinatum), deren Blätter exakt in die vier Himmelsrichtungen zeigen.

Der geschärfte Blick auf solche Phänomene und Feinheiten fördert die Achtsamkeit und den Respekt vor der Natur!

Einstimmung:

„Einstimmung" bedeutet „ankommen", sich nun über die sachliche Information und das Gespräch hinaus zu verinnerlichen und auf das vorzubereiten, was kommt. In diesem Fall auf eine Übungsreihe, in der das Wachstum eines Baumes oder einer Pflanze nachgespielt wird.

Da man sich auf ganz unterschiedliche Weise auf die folgende Übungsreihe einstimmen kann, bekommen die einzelnen Übungen und die dabei selbst gemachten Erfahrungen jedesmal eine etwas andere Qualität und ganz persönliche Bedeutung.

Im Vorschulalter und für die jüngeren Schüler der unteren Klassen kann die Entwicklung eines „Samenkorns zur Pflanze" im allgemeinen nachgespielt werden. Für ältere Schüler ist es jedoch sinnvoll, sich einen bestimmten Aspekt des „Baum-Seins" herauszugreifen und sich damit eingehender zu befassen.

Hier einige Beispiele dafür, wie man sich einstimmen kann:

– *Eine „Baumsamenmeditation" zur Einstimmung:* Die Kinder bekommen einen Apfelkern, eine Nuß oder eine Kastanie in die Hand, die sie sehr genau betrachten, betasten, beriechen, eventuell sogar daran schmecken. *„Schaut Euch den Kern ganz genau an. So genau, daß Ihr ihn unter vielen anderen wiederentdecken würdet. Diesen Kern gibt es nur einmal auf der Welt – so, wie es auch Euch nur einmal auf dieser Welt gibt!"* Im Anschluß stellen sich die Kinder mit geschlossenen Augen vor, wie sie diesen Kern in die warme Erde stecken. Weiter stellen sie sich vor, wie er langsam zu einem kleinen Bäumchen (oder einem großen Baum) heranwächst. Sie haben dafür etwa 5 bis 10 Minuten Zeit (je nach Alter); bevor sie die Augen öffnen, bekommen sie den Auftrag, sich *ihren* Baum noch einmal ganz genau anzuschauen.

– *Welchen Baum möchte ich wachsen lassen?* Man kann sich in der Einstimmung auch fragen, ob man durch die folgenden körperlichen Übungen nicht einen ganz bestimmten Baum wachsen lassen möchte. So kann man *sich* einen Baum der Freude, des Lebens, der Kraft, der Ruhe oder der Gesundheit wachsen lassen, mit der Zielsetzung, diese Eigenschaft *in sich selbst* wachsen und reifen zu lassen.

Übungsreihe: **„Wir lassen einen Baum wachsen"**

Die folgende Übungsreihe setzt sich im wesentlichen aus den in Teil I vorgestellten Übungen zusammen, siehe entsprechenden Hinweis. Nur wenn es sich um eine neue Übung oder um eine bisher noch nicht erwähnte Übungsvariante handelt, habe ich diese ausführlich beschrieben.

Übungsdauer: etwa 30 Minuten

1. „Antimeteorismushaltung" in Rückenlage: (siehe Teil I, Kap. III, 33. Übung)
   – *„Wir sind ein kleines Samenkorn, das in der Erde ruht."*

   – *„Wie ein kleines ,Kraftpaket' wartet das Samenkorn auf den Frühling, um aktiv zu werden."*

2. „Rückenschaukel" von rechts nach links:
   – Leg Dich mit lang ausgestreckten Beinen auf den Rücken.
   – Winkle die Beine an und umfasse mit beiden Händen die Knie. Die Oberschenkel sind locker.
   – Der Hinterkopf ruht entspannt auf dem Boden.
   – Und nun schaukelst Du sanft auf dem Rücken von rechts nach links, hin und her.
   – *„Langsam ,erwacht' das Samenkorn, es wird aktiv."*

   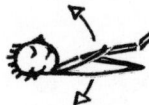

   – Die Kraft in Bewegung ausdrücken.

– Wenn die Kinder einen Baum mit einer bestimmten Eigenschaft wachsen lassen, dann ist es sinnvoll, diese Eigenschaft auch durch Bewegung auszudrücken. Ein Samenkorn (Baum) der Freude schaukelt sicherlich dynamischer als ein „Samenkorn der Ruhe"!

3. „Andreaskreuzdehnung" (re/li/alle viere) in der Rückenlage:
   (siehe Teil I, Kap. III, 3. Übung)
   – *„Die harte Schale des Samenkorns ist aufgebrochen. Das kleine Pflänzchen tastet sich nun mit seinen ersten Trieben und kleinen Wurzeln in die Erde hinein."*

   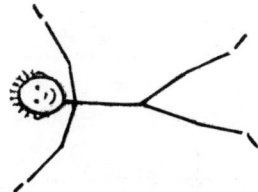

   – Anschließend in der Rückenlage ausruhen.

4. „Rückenschaukel" vor und zurück:
   – Haltung wie bei Punkt 2. Diesmal jedoch ist der Kopf angehoben, so daß das Kinn leicht die Brust berührt.
   – Und nun schaukelst Du rhythmisch vor und zurück, vom Steißbein bis zum Nacken, auf und ab.

   – Atme dabei ruhig und regelmäßig.

– *„Und nun will das kleine Pflänzchen mit Schwung nach oben an das Tageslicht."*
– Übergang zum Vierfüßler.

5. Im „Vierfüßler":
(siehe Teil I, Kap. III, 11. Übung)
– *„Das kleine Pflänzchen streckt sich der Sonne entgegen."*

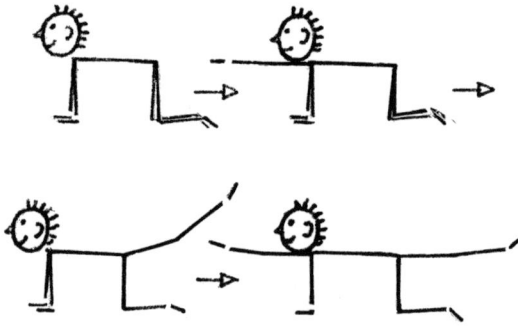

6. Das „zusammengerollte Blatt":
(siehe Teil I, Kap. III, 13. Übung)
– *„Zwischendurch ruht sich das Pflänzchen immer wieder aus."*

7. Seitdrehung (re/li) im „Kniestand":
(siehe Teil I, Kap. III, 15. Übung)
– *„Das Pflänzchen ist nun schon wieder etwas mehr gewachsen, es reckt und streckt seine Äste und Blätter (Arme) nach allen Seiten der Sonne entgegen."*

8. Vom „Hocksitz" zum „Zehenstand":
(siehe Teil I, Kap. VI, 2. Übung b)
– *„Immer weiter drängt unser Pflänzchen nach oben – und wird zu einem Bäumchen."*

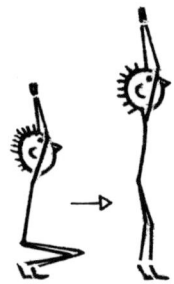

9. „Halbmondhaltung" nach rechts und links:
(siehe Teil I, Kap. III, 5. Übung a)
– *„Das Bäumchen biegt sich im Wind."*

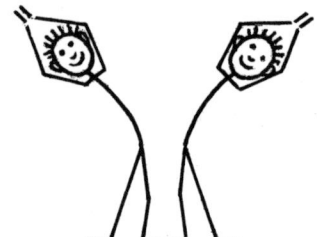

– Überlegung: Wachstum will Flexibilität.

10. Die „Baumhaltung":
(siehe Teil I, Kap. VI, 4. Übung)
– *„Und nun ist es ein richtig starker Baum, der in sich selbst ruhend, vollkommen im*

Gleichgewicht, seinen Platz in diesem ,Teppich des Lebens' einnimmt und seine Aufgabe verrichtet."
- „Du bist so ruhig und stark wie ein Baum!"
- Zuerst ist das rechte, dann das linke Bein das Standbein. Bevor die Haltung eingenommen wird, stellen sich die Kinder vor, wie sie von dem Fuß ausgehend, der sie nun trägt, regelrecht Wurzeln in die Erde schicken.

- Zum Abschluß der Übung die Füße etwa in Schulterbreite auseinander auf die Erde stellen und sich den festen Halt unter den Füßen („die breiten, starken Wurzeln in der Erde, die uns trägt") bewußt machen.

11. Die „harmonisierende Atemübung": (siehe Teil I, Kap. IV, 7. Übung)
   - „Der Baum atmet den Kohlenstoff ein, den Mensch und Tier ausatmen. Und den Sauerstoff, den er ausatmet, brauchen Menschen und Tiere zum Leben."
   - „Der Baum teilt all seine Schätze (Sauerstoff, Früchte) mit den anderen Wesen der Natur."
   - Einatmend langsam die Hände und Arme über die Seiten über den Kopf führen, bis sich die Handflächen über dem Kopf berühren,

- Ausatmend langsam die Hände und Arme über die Seiten nach unten führen.

- Einen „normalen" Zwischenatem machen, Übung 3mal wiederholen.

12. Der „Schwerkraft nachgeben" und das „zusammengerollte Blatt" einnehmen:
   - „Der Baum hat nun alle Früchte und sein Laub abgeworfen. Und jetzt – zum Winter zu – ist es Zeit, sich in sich selbst, in die eigenen Wurzeln, zurückzuziehen, zu ruhen, bis der nächste Frühling wiederkommt."
   - Ausatmend langsam den Kopf nach vorn neigen, sich mehr und mehr nach vorn beugen, die Knie anwinkeln und in das „zusammengerollte Blatt" kommen.

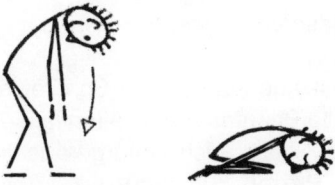

13. Schlußentspannung in der Rückenlage und / oder Phantasiereise: (siehe Teil I, Kap. VII „Phantastische Übungen", „Phantasiereisen" und „Meditation")

– Langsam aus dem „zusammengerollten Blatt" in die Rückenlage kommen.

Ausklang:

Der Ausklang dient der Verarbeitung des eben Erlebten. Die Kinder haben Zeit, sich auszuruhen, sich ihre Erfahrungen zunächst im Stillen bewußt zu machen. Sie können sich vorab entscheiden, ob und was sie davon berichten möchten und was nicht. Viele sind überrascht, wie „lebendig" Bäume oder Pflanzen sind. Andere vergleichen Menschen und Bäume. So meinte eine Schülerin, daß Bäume, wenn sie überreiche Früchte tragen, ihre Äste immer tiefer nach unten senken. Menschen jedoch würden, je mehr materiellen Reichtum oder Titel sie haben, ganz im Gegenteil dazu „ihre Nasen immer höher hängen".
Natürlich wächst ein Baum nicht in einem einzigen Jahr von einem Samenkorn zu einem großen starken Baum heran, sondern er braucht viele Jahre und Jahrzehnte. Diese „Selbstverständlichkeit" sollte gerade mit jüngeren Schülern angesprochen werden.

Zum Ausklang können die Schüler auch noch einmal die Phantasie schweifen lassen. Meditative Musik oder auch Naturgeräusche können diesen Prozeß unterstützen. Anschließend haben sie Gelegenheit, über ihre Gefühle und Eindrücke während der Yogaübungsreihe und der Phantasiereise zu berichten. Wenn sich der Baum „im Herbst in sich selbst zurückzieht", ist die Geschichte und das Phantasieerleben der Kinder noch längst nicht abgeschlossen. Mittels einer Phantasiereise kann man ihnen Gelegenheit geben, ihre eigene Bilderwelt zu entwickeln. Hier erleben sie häufig Abenteuer, in denen Begegnungen mit anderen Insekten, Naturkräften oder auch Blumenfeen eine Rolle spielen. Diese phantastischen Abenteuer liefern anschließend wieder genug Stoff für weitere Yogaübungsreihen, Geschichten oder Bilder.

3. Übungsreihe: „Die Evolution des Lebens auf der Erde" oder: „Die Dinosaurier kommen!"

Vorbereitende Überlegungen und Informationen:

„Dinosaurier" üben gerade auf die jüngeren Schulkinder eine große Anziehungskraft aus. Die verstorbenen Urtiere verbinden uns mit der weit zurückliegenden Entwicklungsgeschichte der Erde, des Lebens auf der Erde und der Entwicklungsgeschichte der Menschheit. Schließlich reichen unsere Wurzeln, die Wurzeln des menschlichen organischen Lebens, bis in die Anfänge der Entwicklung zellularen Lebens auf dieser Erde zurück. Mit der folgenden Übungsreihe gehen die Kinder auf eine Reise durch die lange und bilderreiche Evolutionsgeschichte.

In der Vorbereitungsphase ist es wichtig, mit den Kindern über die Evolution des Lebens auf dieser Erde zu sprechen.

- Was weißt Du über die Entwicklungsgeschichte der Erde?
- Wußtest Du, daß sich die Grundlagen organischen Lebens im Meer gebildet haben?
- Wußtest Du, daß die ersten Lebewesen kleine Einzeller waren, Bakterien, die sich im Laufe der Jahrmillionen zu immer komplexeren Lebewesen weiterentwickelt haben?
- Drei Milliarden Jahre hat die Natur gebraucht, um diese komplexen Lebensverhältnisse, wie wir sie heute kennen, hervorzubringen. Vor 570 Millionen Jahren gab es schon viele wirbellose Meeresbewohner, und die ersten Algen entwickelten sich.
- Wußtest Du, daß die Spaltalgen in den Flachmeeren durch ihre Stoffwechselvorgänge unsere sauerstoffreiche Atmosphäre und eine dünne Ozonschicht erzeugten? Diese Ozonschicht wehrte einen Großteil der ultravioletten Strahlung der Sonne ab. Und deshalb konnte sich das Leben aus dem Meer allmählich auf das Festland wagen.
- Die Saurier entwickelten sich vor über 200 Millionen Jahren und starben vor etwa 65 Millionen Jahren aus.
- Welche Saurier kennst Du? Weißt Du, wovon sich diese Tiere ernährt haben?
- Vor etwa 3 Millionen Jahren entwickelte sich der erste Mensch bzw. seine Vorfahren.
- Was weißt Du über die Entwicklungsgeschichte des Menschen?
- Wenn wir uns diese unfaßbar großen Zeiträume der Entwicklungsgeschichte organischen Lebens auf der Erde als einen einzigen Tag (also 24 Stunden) vorstellen, dann betrüge im Vergleich hierzu die Zeit für die Entstehungsgeschichte des Menschen etwa 25 Minuten. Und seit dem Ende der Eiszeit vor

10.000 Jahren wäre nur der fünfte Teil einer Sekunde vergangen![17]

Einstimmung:

- *Gute Märchen und Geschichten* können eine gute Einstimmung sein: Es gibt derzeit eine Fülle von guten Büchern, die sich mit dem Thema Saurier und der Erde im allgemeinen befassen; manche in Form einer spannenden Geschichte, andere wieder informativ.
Hier einige wenige Vorschläge:
„Ein Dinosaurier zum Frühstück", Jaques Boret/Jutta Langreuter, ars edition, (spannende Kindergeschichte).
„Gaia. Öko-Atlas der Erde", Fischer Taschenbuch (Sachbuch).
- *Gute Trickfilme* können die Entwicklungsgeschichte der Erde gut veranschaulichen: Auf dem Trickfilm „Fantasia" (Walt Disney) wird u.a. die Evolution eindrucksvoll dargestellt; untermalt mit klassischer Musik.

Übungsreihe a: „Die Evolution des Lebens auf der Erde"

Die folgende Übungsreihe setzt sich im wesentlichen aus den in Teil I, Kap. III vorgestellten Übungen zusammen. Aus diesem Grund habe ich auf eine neuerliche ausführliche Darstellung der einzelnen Übungen verzichtet. Damit Sie die genaue Übungsanleitung leichter wiederfinden, tragen die folgenden einzelnen Übungen dieselben Bezeichnungen wie in Teil I. Wenn es sich allerdings um eine neue Übung oder um eine bisher noch nicht beschriebene Übungsvariante handelt, habe ich diese ausführlich beschrieben.

---

[17] Vgl. „Der Jugendbrockhaus 1", S. 269

Übungsdauer: etwa 30 Minuten:

1. „Antimeteorismushaltung" in Rückenlage:
(siehe Teil I, Kap. III, 33. Übung)
   – „Wir sind eine kleine atmende Zelle im Meer."

Anschließend streckst Du die Beine wieder lang aus und ruhst Dich in der Rückenlage aus.

2. „Rückenschaukel" von rechts nach links:
(siehe vorangehende Übungsreihe, Punkt 2)
   – „Wir wiegen uns im eigenen Atemrhythmus und stellen uns dabei vor, es ist das Meer, das uns ganz sanft hin- und herschaukelt."

Ruh Dich anschließend wieder in der Rückenlage aus.

3. „Andreaskreuzdehnung" (re/li/alle viere) in der Rückenlage:
(siehe Teil I, Kap. III, 3. Übung)
   – „Du als Zelle vermehrst Dich jetzt und wächst! Nimm die Arme und Beine so auseinander, daß Du aussiehst wie ein liegendes „X".

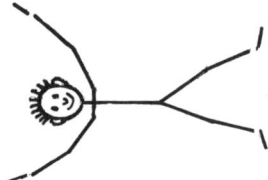

Stell Dir vor, Du hast Dich nun aus einer Zelle zu einer Alge entwickelt, die sich auf dem Meeresgrund mehr und mehr ausdehnt.
Wie fühlst Du Dich als Alge, wenn Du wächst, Dich dehnst und Dich nach allen Seiten ausbreitest?"
   – Nach der „Andreaskreuzdehnung" kehrst Du wieder in die Rückenlage zurück.
   – „Alles Wachstum geschieht rhythmisch, pulsierend – ständig sich dehnen und wieder sich zusammenziehen."

4. „Kobra":
(siehe Teil I, Kap. III, 30. Übung)
   – Die Ausgangshaltung ist die Bauchlage.
   – Spüre noch einmal die Kraft in Deiner Wirbelsäule, in Deinem Rücken, und mit dieser Kraft richtest Du Deinen Oberkörper auf.
   – „Nun verwandelst Du Dich in eine Seeschlange!"
   – Kehre anschließend wieder in die Bauchlage zurück und ruhe Dich aus.
   – Wiederhole die Übung noch einmal.
   – „Du wirst wieder zur Seeschlange! Anschließend ringelst Du Dich aber zusammen!"

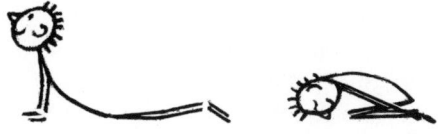

- Ruh Dich im „zusammengerollten Blatt" aus (siehe Teil I, Kap. III, 14. Übung)
- „Kringel Dich zusammen, Schlange. Wie geht es Dir?"

5. „Katze":
Die Ausgangshaltung ist noch immer das „zusammengerollte Blatt".
(siehe Teil I, Kap. III, 14. Übung)
- „Aber Du bist nun ein Tier, welches sich aus dem Schutz der Meere an das Festland gewagt hat. Du bist ein Säugetier. Du fühlst zum ersten Mal den Druck der Schwerkraft auf Dir. Aber Du fühlst auch Deine Kraft und erhebst Dich nun."
- Du kommst in den „Vierfüßler".
(siehe Teil I, Kap. III, 11. Übung)
- „Du bist ein katzenähnliches Lebewesen!"

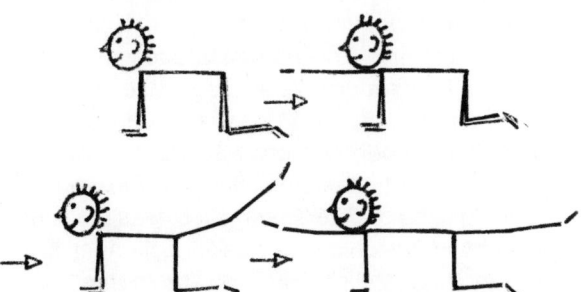

- Dehnungen:
„Du lernst, Deine Gliedmaßen zu gebrauchen!"
(siehe Teil I, Kap. III, Übung a und b)

6. „Hocksitz":
(siehe Teil I, Kap. VI, 2. Übung b)
- „Stell Dir vor, Du bist ein Affe, der zwar schon ab und zu die Hände vom Boden lösen kann, aber dennoch den Bodenkontakt mit den Händen bzw. mit den Knöcheln der Handrücken braucht, um die Schwerkraft der Erde zu überwinden.
Erinnere Dich an die Kraft Deines Rückens. Schau nach oben zum Himmel. Entwickle den inständigen Wunsch, nach der goldenen Sonne zu greifen."

- Nimm den Hocksitz ein, die Hände sind in Gebetshaltung vor der Brust.
- Du bist nun in einer Gleichgewichtshaltung. Atme ruhig und regelmäßig.

7. „hoch zum Zehenstand":
(siehe Teil I, Kap. VI, 2. Übung a)
- „Und nun richte Dich auf, Affe, und werde zum Menschen."
- Du kommst einatmend hoch in den Zehenstand.

– Verweile einige Atemzüge im Zehenstand, dann stellst Du Dich auf Deine beiden ganzen Füße.

8. „Berghaltung":
(siehe Teil I, Kap. III, 2. Übung)
– *„Spür Dich in die aufrechte Haltung ein. Wie stehst Du da?*

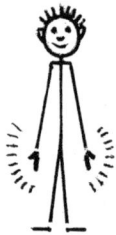

Deine Hände sind frei! Du brauchst sie nicht, um Dich am Boden abzustützen oder um Dich festzuhalten. Was kannst Du mit ihnen tun?"

9. Schlußentspannung in Rückenlage und/oder Phantasiereise
(siehe Teil I, Kap. VII, „Phantastische Übungen")

Ausklang:

Der Phantasie der Schüler wird Raum gegeben. Meditative Musik oder auch Naturgeräusche können diesen Prozeß unterstützen. Anschließend können die Schüler von ihren Eindrücken während der Yogaübungsreihe und der Phantasiereise erzählen. Durch gezieltes Fragen, wie:

„Was hast Du alles in den vergangenen Minuten erlebt?", „Konntest Du Dich in die verschiedenen Entwicklungsstufen hineinspüren?" haben die Kinder Gelegenheit, noch einmal über das Erlebte zu reflektieren.

Es ist offensichtlich, wie sehr die gesamte Evolutionsgeschichte des organischen Lebens auf der Erde der Entwicklung des einzelnen Menschen gleicht. Er beginnt als Zelle, lebt geborgen im Fruchtwasser der Gebärmutter, muß nach seiner Geburt auch erst lernen, seine Muskeln und Gliedmaßen zu gebrauchen, und lernt mühsam, sich bäuchlings aufzurichten, zu robben, im Vierfüßler zu krabbeln, um sich letztendlich aufzurichten und stehen und gehen zu lernen.

Kindern und Erwachsenen wird fühlbar deutlich, wie sehr der Mensch doch Teil eines großen, lebendigen Plans ist.

Übungsreihe b: **„Die Dinosaurier kommen!"**

Die folgende Übungsreihe ist im Prinzip eine Wiederholung der vorangegangenen Übungsreihe a. Sie hat allerdings eine andere Zielsetzung: Nicht der Mensch steht am Ende des nachgespielten Entwicklungsprozesses, sondern die Dinosaurier, die sich aus dem Meer auf das Festland wagen. Und was tun diese riesigen, „zum Leben wiedererweckten Fossilien"? Nun, vielleicht stampfen sie schwergewichtig über die Erde und zerstören alles, was die Erde bedroht. Im Anschluß, als Ausklang, können sich die Kinder vorstellen, wie ihre „Traumerde" sein könnte.

Die beiden Themenvorschläge „Wir lassen einen Baum wachsen" und „Die Evolution des Lebens auf der Erde" bzw. „Die Dinosaurier kommen" sind nur ein kleiner Ausschnitt dessen, was angesichts der Fülle der Natur machbar ist. So kann auch eine Entwicklung „Von der Raupe bis zum Schmetterling", der „Wasserkreislauf der Erde", die „Vielfalt des Lebens in den Meeren" und vieles mehr besprochen, durch Körperhaltungen und Bewegungen nachgespielt und durch Phantasiereisen vertieft werden. Wie wir bereits gesehen haben, ist es für diese Zwecke nicht notwendig und auch nicht sinnvoll, sich an die genaue Bezeichnung der Haltung zu klammern. Aus dem „Vierfüßler" kann eine „Katze", ein „Hund" oder eben auch eine „Pflanze, die ihre Blätter der Sonne entgegenstreckt", werden. Die „Kobra" verwandelt sich in einen „Regenwurm" oder eine „Raupe". Die „Halbmondhaltung" wird zum „Tannenbaum, der sich im Wind wiegt", und die „Dreieckshaltung" ist eben ein „breiter Baum, mit breiten Wurzeln und breiten Ästen". Auch die Literaturvorschläge zu diesem Thema im Anhang des Buches sind nur als erste Anregung gedacht. Ich gehe davon aus, daß jeder engagierte Lehrer oder Gruppenleiter selbst über genügend Quellenmaterial verfügt und diese Vorschläge, soweit sie ihm nicht schon bekannt sind, lediglich als Ergänzung aufgreift.

4. Übung: „Die Konferenz des Lebens"

Genaugenommen handelt es sich hierbei weniger um eine Übung als vielmehr um ein Spiel oder Ritual für Lehrer und Schüler, für alle, die sich für die Erhaltung der Natur einsetzen.
Die „Konferenz des Lebens" wurde von der Religionspädagogin Joanna Macy entwickelt. Der Teilnehmer „verwandelt" sich in ein „bedrohtes Tier oder Naturphänomen" und lernt, die Welt aus dem Blickwinkel der Natur zu betrachten.

Der Ritualverlauf im groben Umriß:

Jeder Teilnehmer entscheidet sich für ein ganz bestimmtes „bedrohtes" Tier oder Naturereignis seiner Wahl (der Regenwald, das Meer, ein Wal, ein Koalabär, eine in der Massentierhaltung lebende Kuh, ein im Tierversuch gequälter Hund, ein Berg, eine Schildkröte, ein Schmetterling, ein Baum usw.). Er informiert sich selbständig über die Lebensbedingungen, die seine erwählte Tiergattung oder Lebensform braucht, woran es ihr fehlt und wodurch sie bedroht ist. Die Sachkenntnisse sind „echt", also keine „Vermenschlichung", aber nicht zu umfassend.
Die Teilnehmer basteln in der Gruppe Masken, die das jeweilige Wesen aus der Natur darstellen sollen. Die Maske wird während des Rituals vor das Gesicht gehalten.
Dann setzen sich alle zu einem Kreis zusammen. Nach der Begrüßung und Einstimmung stellt sich jeder der Teilnehmer vor: „Ich bin ein Delphin, der in einem Freizeitpark lebt. Es ist lange her, seit ich das große Meer gesehen habe. Ich kann mich schon gar nicht mehr daran erinnern. Ich fühle mich in dem engen Aquarium unwohl. Viele meiner Artgenossen sterben früh in dem Bassin. Unsere Nachkommen haben kaum eine Überlebenschance. Aber von dem freien Leben meiner Artgenossen höre ich auch nichts Gutes." Der Kreis der Teilnehmer bestätigt jedesmal, daß er dieses Tier gehört hat, mit einem „Wir hören Dich, Delphin". Oder „Wir hören Dich, Elefant".
Wenn sich alle der versammelten Tiere vorge-

stellt und ihr Problem aus ihrer Sicht ohne Schuldzuweisung (also nicht: die Autos, Industrie usw. sind schuld!) geschildert haben, wird das Ritual weitergeführt, indem sich nun einige wieder in Menschen „zurückverwandeln". Sie setzen ihre Masken ab und gehen in die Kreismitte. Hier hören sie sich nun als Menschen an, was die einzelnen Tiere, Pflanzen, der Wald, die Luft oder das Meer ihnen zu sagen haben. Nun schildern die Lebewesen, was die Menschen zu ihrer Not beigetragen haben. Jeder hat hier die Gelegenheit, selbst Mensch zu sein, bzw. seine Sicht einem oder mehreren Menschen in der Kreismitte mitzuteilen.

In einem letzten Durchgang spricht die „Konferenz des Lebens" wieder die Menschen an, indem sie ihnen erklärt, wie jedes einzelne Lebewesen seinen Beitrag zu einer harmonischen, gesunden Natur und einem intakten Verhältnis zum Menschen leisten kann. Die Kuh bietet dem Menschen ihre Milch an. Die Blumen bieten dem Menschen ihre Farbenpracht und ihren Duft an. Der Wald bietet ihnen seinen tiefen Frieden an, usw. – wenn der Mensch sie leben läßt!

Diese Konferenz geht jedem Teilnehmer sehr nah. Viele fühlen tatsächlich den Berg oder einen Wal „durch sich zu den Menschen sprechen". Betroffenheit, Trauer, aber auch Freude und Hoffnung werden bei diesem Ritual gefühlt. Sollten Sie sich zur Durchführung der „Konferenz des Lebens" entschließen, empfehle ich Ihnen das hierzu erschienene Buch: „Denken wie ein Berg", von John Seed u.a., Edition Pax im Verlag Hermann Bauer, Freiburg i. Br.

„In Frieden leben" – mit uns und der Umwelt

„Ist es nicht äußerst seltsam, daß es keine Wissenschaft vom Frieden gibt, die der Wissenschaft vom Kriege, von Rüstung und Strategie, auf dem Fuße gefolgt und ihr vergleichbar wäre? Birgt nicht der Krieg als menschliches Phänomen etwas sehr Rätselhaftes in sich? Auf der einen Seite suchen ihn die Völker als das schlimmste aller Übel zu vermeiden, auf der anderen Seite sind es die Menschen selbst, die ihn heraufbeschwören und sich ihm freiwillig ausliefern!"[18]

---

[18] Aus: Renilde Montessori/Karin Schneider Henn, „Uns drückt keine Schulbank", S. 9

Mit diesen Worten leitete Maria Montessori im Jahre 1926(!) ihre vor dem Völkerbund gehaltene Rede über die „Erziehung zum Frieden" ein.

Es gab wohl zu allen Zeiten irgendwo auf dieser Erde Kriege, Unterdrückung, Völkermord, Hunger und Verbrechen. Und es gab auch zu allen Zeiten Menschen – Männer und Frauen, Philosophen, Politiker, Heilige –, die uns zu einem friedlichen Leben ermahnten. Die uns auf die Notwendigkeit einer individuellen friedlichen Geisteshaltung zur Schaffung eines dauerhaften Weltfriedens hinwiesen. Allgemeine Gesetzesbeschlüsse und Rechtsvorschriften, die das Zusammenleben der Menschen regeln sollen, sind sicherlich hilfreich, aber keine Lösung. Auch Studien, Diskussionen und Verhandlungen zum Thema Frieden sind sicherlich aufschlußreich, aber keine Lösung. Es nützt nichts, wenn wir so tun, als sei Frieden eine Art Gebäude oder ein abstraktes Gerüst, welches zunächst in der Außenwelt irgendwie hergestellt werden muß, damit er zu uns Menschen gelangt und uns friedlich leben läßt. Die Lösung dieses Problems liegt nicht außerhalb von uns. Frieden ist nicht einfach nur das „Nicht-vorhanden-Sein von Krieg". Frieden ist ein Bewußtseinszustand im einzelnen Menschen. Die „Welt" sind wir. Und „Weltfrieden" ist letztlich nichts anderes als viele friedlich zusammenlebende Menschen in der Welt. Der Friede beginnt in uns. Jeder kann sich entscheiden, ob er sich seinen Lebensweg kreischend und tretend freikämpfen möchte, oder ob er seinen Lebensweg friedlich und würdevoll beschreiten will. Es liegt einzig und allein an uns, an unserer Bereitschaft, „im Kleinen" diesen Frieden tagtäglich zu leben, sich jeden Tag neu für diesen Frieden zu entscheiden.

Erziehung, Kindererziehung, ob als Eltern, Lehrer oder Gruppenleiter, beginnt immer zuerst bei sich selbst. Ob es uns gefällt oder nicht, wir Erwachsenen sind die Vorbilder – und noch dazu sehr schlechte, was das „friedliche Leben" betrifft.

Unsere Kinder erleben nicht nur die fürchterlichen Kriege in der Welt. Kriege, die von Erwachsenen gemacht werden. Kinder erleben auch unsere tagtäglichen „Kleinkriege" mit. Die Streitereien zwischen den Eltern, den Nachbarn oder unter den Kollegen. Kinder erleben mit, daß sie als die „Kleinsten und Schwächsten" dieser Gesellschaft an der Kasse im Supermarkt oder beim Einsteigen im Bus von Erwachsenen rücksichtslos zurückgedrängt werden. Sie erleben das ganze Spektrum der gesellschaftlichen Hackordnung mit, bei der sie oft genug die Letzten, Schwächsten und Rechtlosesten in der Reihe sind. Wie soll ein heranwachsender, reifender Mensch auf diese Weise ein positives, stabiles Selbstwertgefühl entwickeln? Und wenn Kinder selbst nicht Opfer sind, dann erleben sie es zumindest mit, wie die Erwachsenen mit Alten, Kranken, Schwachen, Nutzlosen umgehen. Werden diese Kinder, wenn sie groß und erwachsen geworden sind, mit (uns?) Alten, Kranken, Schwachen, Nutzlosen dann ebenso umgehen, wie wir es ihnen vorgelebt haben?

Frieden ist eine Bewußtseinshaltung. Wenn wir uns mit dem Thema „Frieden" befassen, dann haben wir es sehr schnell mit unserer eigenen „Zufriedenheit" zu tun. Wieviel brauche ich, um zufrieden zu sein? Brauche ich das wirklich alles? Ist mein Leben, meine Arbeit, das Verhältnis zu meinen Kindern, Eltern, Freunden befriedigend? Bin ich mit mir zufrieden? Wie gehe ich mit mir um? Gehe ich mit mir liebevoll, achtsam und respektvoll um? Kann ich mich selbst lieben und annehmen, oder hadere ich mit mir und meinem Schicksal? Wenn ich mich selbst nicht lieben kann, kann ich auch andere nicht lieben! Wenn ich mit mir selbst „im Kleinen" nicht in Frieden leben kann, wie will ich es dann „im Großen"?

„Friedlich leben" heißt nicht, die eigenen Probleme und die Probleme der Welt zu leugnen, sondern sie auf friedliche, kooperative Art zu lösen oder es zumindest zu versuchen. Das heißt nicht, um jeden Preis Streit zu vermeiden. Denn es gibt so etwas wie „faires Streiten", wo Achtung und Respekt für den anderen gewahrt bleiben.

„Friedlich leben" heißt, zu versuchen, sich selbst und andere mit den kleinen Fehlern und Problemen ernstzunehmen und anzunehmen. Heißt, in der Andersartigkeit eines Menschen die Einzigartigkeit zu erkennen. Wieviele Auseinandersetzungen und Kriege entstehen deswegen, weil wir nicht in der Lage sind, die Andersartigkeit anderer Menschen, anderer Kulturen und Nationalitäten zu achten?

Wir könnten hierin von Kindern viel lernen! Gerade für jüngere Kinder ist es oftmals überhaupt „kein Thema", ob ihre Freunde „anders" sind, ob sie körperlich oder geistig behindert sind oder nicht. Es interessiert sie nicht, ob ihre Freunde eine andere Hautfarbe haben oder eine andere Sprache sprechen. Ich glaube, daß wir unsere Kinder nicht zu Liebesfähigkeit, Mitgefühl oder Toleranz erziehen müssen. Ich glaube, daß jedes Kind von Natur aus voller Liebe, Mitgefühl und Toleranz gegenüber der Umwelt ist. Aber wir Erwachsenen müssen lernen, auf uns zu achten, um die Mechanismen herauszufinden, die unsere Kinder und damit die zukünftigen Erwachsenen dieser wertvollen Charaktereigenschaften berauben.

Die Schule legt ihren Schwerpunkt auf Leistung, wodurch Konkurrenzdruck und Wettbewerb ausgelöst werden. Dies wiederum fördert eine ängstlich-aggressive Grundhaltung. Ängstliche Menschen mit wenig Selbstwertgefühl und Selbstvertrauen haben häufig das Gefühl, dem rauhen Alltag nicht gewachsen zu sein. Sie empfinden sich schwächer und verletzlicher als andere, neigen dazu, sich schneller angegriffen oder bedroht zu fühlen. Und sie reagieren deshalb oftmals panisch oder auch aggressiv auf vermeintliche Konkurrenten oder Widersacher. Hierin finden wir eine mögliche Antwort auf das „menschliche Phänomen Krieg".

Ein pädagogischer Ansatz, wie in der Schule Friedensprävention geleistet werden könnte, liegt im Aspekt der Förderung der Selbstachtung und des Selbstbewußtseins. „Ich bin selbstbewußt" bedeutet: Ich bin mir meiner Schwächen und Stärken, meiner Fehler und Fähigkeiten, meiner Ängste, Wünsche und Freuden bewußt! Ich kenne mich mit mir selbst aus! Wer das von sich sagen kann, verfügt über ein gesundes Selbstbewußtsein, über die realistische Einschätzung seiner Qualitäten und Grenzen, und er weiß wie er diese optimal einsetzen kann. Die in diesem Buch bereits vorgestellten Übungen erweitern das übliche Lern- und Erfahrungsfeld des Kindes und des Jugendlichen um ein Vielfaches. Es lernt, wie es seine körperliche Kraft und Gesundheit stärken kann. Es lernt, seinen Körper harmonisch und koordiniert zu gebrauchen. Es entwickelt Geschicklichkeit und Selbstvertrauen. In der Art, wie diese Übungen ausgeführt werden, ist eigentlich alles enthalten, was wir zur Entwicklung eines friedlichen Bewußtseins und

Lebens brauchen: die Achtsamkeit, der Respekt vor den eigenen Belastungsgrenzen, der liebevolle Umgang mit sich (und anderen). Es werden geistige und seelische Kräfte aktiviert und gefördert. Geistige Kraft erlaubt logisches Denken, Konzentration, Phantasie, schöpferische Kreativität und Improvisationstalent. Probleme werden lösbar! Seelische Kraft zeigt sich einerseits in der Intensität der Gefühle und dem Willen und der Freiheit, zu seinen Gefühlen stehen und diese ausdrücken zu wollen. Andererseits aber auch im notwendigen Mitgefühl für andere, im feinen Gespür, seine Gefühle oder Wünsche so zu artikulieren, daß andere dadurch nicht verletzt werden. Es erfordert in der heutigen Zeit viel Hoffnung und Tatkraft, um im sozialen Bereich und im Lehrerberuf tätig zu sein. Und deshalb ist es wichtig, sich eine Kraftquelle zu erschließen, die uns jederzeit zur Verfügung steht. Die folgende Übung „Das innere Lächeln" habe ich deshalb den Lehrern und Gruppenleitern gewidmet. Natürlich können sie die „Kraft des inneren Lächelns" auch Ihrer Klasse oder in der Gruppenstunde anbieten.

1. Übung: „Die Kraft des inneren Lächelns"

Übungsdauer: etwa 5 bis 10 Minuten, solange es angenehm ist

- Setzen Sie sich entspannt aufrecht hin und schließen Sie Ihre Augen.
- Atmen Sie ruhig und regelmäßig.
- Konzentrieren Sie sich auf Ihre geschlossenen Augen.
- Es ist, als wollten Sie durch Ihre geschlossenen Augenlider atmen.

- Und nun legen Sie in Ihre geschlossenen Augen ein „inneres Lächeln" hinein.
- Atmen Sie und lächeln Sie in Ihre geschlossenen Augen hinein.
- *„Einatmend beruhige ich Körper und Geist.*
  Ausatmend lächle ich.
  Verweilend im gegenwärtigen Moment
  weiß ich, es ist der einzige Moment."
  Thich Nhat Hanh

- Atmen und lächeln.
- Beobachten Sie, wie dieses Lächeln Ihre Augen entspannt. – Wie es die Stirn glättet. – Wie es ganz leicht Ihren Mund umspielt.
- Beobachten Sie, wie dieses Lächeln Ihren Geist klärt, innerlich tröstet und stärkt.

Kommentar:

In dem liebevollen Lächeln eines Menschen liegt eine große Kraft. Wenn wir traurig und müde sind, wenn uns etwas bedrückt, dann kann uns das Lächeln eines anderen Menschen wieder aufrichten. Wenn wir einem anderen Menschen zulächeln, dann machen wir ihm ein wertvolles Geschenk. Wenn wir uns selbst zulächeln, machen wir uns diese Kraft selbst zum Geschenk. Die Taoisten Chinas lehrten, daß die beste Voraussetzung zu geistiger und körperlicher Gesundheit in der Fähigkeit liegt, sich selbst annehmen zu können. Wenn wir uns selbst zulächeln, dann heißt das nicht, daß wir unsere kleinen Fehler und Schwächen nicht sehen wollen, aber wir verzeihen sie uns. Wir tauchen ein in ein heilsames, regenerierendes Bad des Friedens und der Harmonie.

Das kleine Gedicht des „inneren Lächelns" stammt von einem bewundernswerten Menschen: Sein Name ist Thich Nhat Hanh. Dieser

Mann ist ein buddhistischer Mönch, Dichter und Lehrer aus Vietnam. Inmitten der Grausamkeiten des Vietnamkrieges errichtete er eine Jugendschule für soziale Dienste. Er, seine klösterlichen Brüder und Schwestern und seine 30.000 Studenten und Studentinnen leisteten öffentliche Friedensarbeit, indem sie versuchten, allen Kriegsopfern zu helfen. Dabei gerieten sie selbst zwischen die beiden Machtblöcke der „Kommunisten" und der „Antikommunisten", wurden selbst verfolgt, ja teilweise sogar gefoltert und getötet. Diese bewundernswerten Menschen konnten sich selbst und ihrem Ideal des „friedlichen Lebens und Handelns" deswegen treu bleiben, weil sie sich ihren inneren Frieden und ihr „inneres Lächeln" bewahrten. Weil sie u.a. über das „innere Lächeln" regelmäßig meditierten und sich immer wieder aufs neue an diese Kraftquelle anschlossen. *„Das Lächeln, das heißt, daß wir wir selbst sind, daß wir Kontrolle über uns haben und nicht in Unachtsamkeit versinken."* [19]

Das Schöne an diesem „inneren Lächeln" ist, daß wir es immer bei uns haben. Unabhängig davon, ob wir an Gott glauben oder nicht, oder welcher Religion wir uns zugehörig fühlen. Wir können uns jederzeit damit verbinden und uns auf diese Weise bewußtmachen, daß wir nicht unsere Sorgen, Schmerzen, Trauer, Müdigkeit, Ärger und Angst sind. All das kommt und geht – wir bleiben – und unser „inneres Lächeln" bleibt auch! Wirklich – wir brauchen nur die Augen schließen und nachzusehen. Es ist da! Depressive Gefühle lassen sich reduzieren, indem man lächelt. Das „innere Lächeln" verführt uns nicht

dazu, „Mißstände mit einem positiven Etikett zu versehen". Aber es hilft uns, die guten Dinge des Lebens, die uns geblieben sind, weiterhin wahrnehmen und würdigen zu können. Es hilft uns, unsere Lebensperspektiven nicht aus den Augen zu verlieren. Und brauchen nicht gerade Menschen, die im sozialen Bereich tätig sind, „Lichtblicke" und „Lebensperspektiven"?

2. Übung: „Gegen das Eine – für das Andere"

Ich habe für diese Übung den „Kniekuß" (vgl. Teil I, Kap. III, 26. Übung) gewählt, weil er mir für diesen Zweck am geeignetsten erscheint.
Übungsdauer: etwa 1 bis 2 Minuten

– Nehmt eine aufrecht entspannte Sitzhaltung auf dem Boden ein. Die Beine sind lang ausgestreckt und liegen dicht nebeneinander („Langsitz").
– Einatmend nehmt Ihr die Hände über den Kopf, Daumen verhaken.
– Dann atmet Ihr tief aus.
– Mit dem nächsten Einatem dehnt Ihr Euch nach oben und richtet das Becken auf – und
– ausatmend beugt Ihr Euch aus der Leiste heraus nach vorn.

– Beugt Euch mit einem natürlich geraden Rücken nach vorn und umfaßt mit beiden Händen Eure Beine entweder an den Knien oder an den Waden, den Fußknöcheln oder Füßen.

---

[19] Aus: Thich Nhat Hanh: „Innerer Friede, Äußerer Friede", S. 15

- Achtet darauf, daß Ihr die Knie zwar nicht anwinkelt, aber auch nicht übertrieben durchdrückt. Die Knie bleiben locker.
- Atmet ruhig und regelmäßig weiter.
- Nicht mit dem Oberkörper wippen. Wippen ist Leistungsdruck!
- Nicht versuchen, „mit der Nase so nah wie möglich ans Knie zu kommen"!
- Es kommt darauf an, daß Ihr Euch in dieser Haltung entspannen könnt.
- Nehmt Euch so, wie Ihr seid.
- Denkt an die Schwerkraft.
- Wenn Ihr Euch entspannt, wenn Ihr loslaßt, auch Eure Vorstellung davon, wie dehnfähig Ihr gerne wärt, dann kann Euch die Schwerkraft helfen und zieht/drückt Euch nach unten.
- Gebt nach und arbeitet mit der Schwerkraft und nicht gegen die Muskelverspannungen.
- Entspannt Euch und laßt Euren Oberkörper auf die Beine sinken.
- Betonung auf „lassen", nicht „wollen"!
- Verweilt 5 bis 10 Atemzüge (gesunde Geübte können durchaus eine oder zwei Minuten in dieser Position bleiben) im „Kniekuß".
- Wenn Ihr die Haltung auflösen möchtet, dann richtet Euch einatmend auf, indem Ihr die Wirbelsäule von unten nach oben „aufrollt".
  Die Hände gleiten dabei die Beine entlang hoch bis zu den Oberschenkeln, den Kopf hebt Ihr zuletzt an.
- Spürt in der Ausgangshaltung, im einfachen Schneidersitz oder in der Rückenlage nach.

Kommentar:

Die „Kniekuß" hält eine ganz besondere Lehre für uns bereit:
Jede Körperbewegung wird duch die präzise Zusammenarbeit ganzer Muskelgruppen möglich. Wenn wir uns beugen, gibt es einen Muskel, oder eine ganze Muskelgruppe, der sich zusammenzieht. Ein anderer (der sogenannte „Gegenspieler") muß sich dehnen, entspannen, loslassen. Unser Bewegungsradius ist nicht so sehr davon abhängig, wie gut sich ein Muskel zusammenziehen kann. Muskelanspannung ist keine Kunst! Unsere Muskeln spannen sich auch dann an, wenn wir es gar nicht wollen. Die eigentliche Kunst liegt in der Entspannung. In dem Maße, wie der „Gegenspieler" losläßt und entspannen kann, können wir uns beugen. In der „Kniekußhaltung" muß sich im wesentlichen die Rückenmuskulatur, die Gesäßmuskulatur und die Beinmuskulatur entspannen. Entspannen heißt „loslassen". Sobald wir aber unter Leistungsdruck geraten, also plötzlich „mit der Nase so nah wie möglich ans Knie wollen", geraten wir unter Anspannung. Jetzt spannt sich nicht nur die Körpervorderseite an, sondern auch alle die Muskeln, die entspannen sollen. Sobald wir Leistungsdruck entwickeln, stehen wir uns also praktisch selbst im Weg. Es wird in dieser Haltung deutlich, daß „gegen etwas kämpfen" (in diesem Fall Muskelanspannung) noch lange nicht bedeutet, daß wir etwas „für unser wahres Ziel" tun. Es ist so ähnlich, wie mit einem dunklen Zimmer. Wenn ich Licht möchte, nutzt es nichts, gegen die Dunkelheit zu kämpfen, zu schimpfen oder die Faust zu erheben. Wenn ich Licht möchte, muß ich es anschalten. Wenn ich Entspannung möchte, muß ich mich entspannen. Und wenn ich Frieden möchte, muß ich friedlich sein.
Gegen den Krieg kämpfen, gegen Aufrüstung und Waffenproduktion und die Ungerechtigkeit in der Welt kämpfen, heißt noch lange nicht, daß wir etwas für den Frieden und für mehr Gerechtigkeit in der Welt getan haben!

3. Übung: „Wir lassen eine Friedensblume wachsen"

Übungsdauer: ca. 5 bis 10 Minuten
Alle setzen sich in einen Kreis. In der Kreismitte steht eine brennende Kerze.

– Setzt Euch entspannt aufrecht hin.
– Atmet ruhig und regelmäßig, ein und aus, ein und aus.
– Ihr spürt den Atem in der Nase, wie er kommt und geht.
– Beobachtet den Atem, ohne einzugreifen.
– Und nun stell Dir vor, Du stehst in einem wunderschönen Garten.
– Du stehst im Garten des Lebens.
– Sieh Dich um und suche Dir einen Platz, an dem Du gern etwas pflanzen würdest, um noch mehr Schönheit, Liebe, Frieden und Harmonie in Deinem Leben und in Deiner Umwelt zu schaffen.
– Bereite den Boden. Und nun nimm den Samen einer Blume und lege ihn in den Boden hinein.
– Wir pflanzen nun unsere Blume des Friedens.
– Beobachte, wie Deine Friedensblume immer größer und größer wird. Sie wächst, wird immer stärker und schöner und strahlender.
– Wie sieht Deine Friedensblume aus?
– Welche Farben hat sie?
– Ihre herrlichen Blüten und Blätter reichen nun schon bis an die Wolken am Himmel. Ihre Wurzeln sind fest in der Erde verankert.
– Und nun setzt Du Dich geschwind auf die höchste und stärkste Blüte.
– Halte Dich an den Blütenblättern gut fest und schau vorsichtig über den Rand auf die Erde hinunter.
– Unter Dir ist die Erde, unsere Heimat.
– Klein und winzig und beschützenswert sieht die Erde von so hoch oben aus.

– Spüre Deine Liebe zu dieser Erde, die uns trägt und nährt.
– Spüre Deine Liebe zu all ihren Wesen.
– Und nun beobachte, was geschieht:
– Aus Deinem Herzen und aus den Blüten der Blume strömt ein rosaweißes Licht und hüllt die ganze Erde in eine zartrosafarbene Wolke. Formuliere für Dich den starken Wunsch, daß diese wunderschöne Wolke als Kraft der Liebe und des Friedens die Erde reinigt und stärkt und die Herzen aller Menschen erreicht.

Die 3. Übung mit jüngeren ABC-Schützen:
In dem Buch „Kinderkunst durch Meditation" beschreibt Marguerite Smithwhite ihre Friedensmeditation mit Kindern. Sie hat eine etwas andere Vorgehensweise. Sie schreibt das Wort „Frieden" an die Tafel und entwickelt anschließend gemeinsam mit den Kindern die Vorstellung einer „Friedenswolke", die den Frieden „wie Regentropfen" auf die Menschen, eine bestimmte Region oder auf die Welt regnen läßt. Meditative Musik unterstützt die Imaginationsfähigkeit der Kinder. Anschließend malen die Kinder, was sie erlebt haben und was ihnen in den Sinn kommt. Die unzähligen Bilder in diesem Buch sind wirklich sehenswert, denn sie zeigen uns die tiefe Weisheit und natürliche Spiritualität der 5- bis 10jährigen Kinder.

Sie können als Abschluß dieser Friedensmeditation auch die Kinder dazu auffordern, „ihre" Friedensblume zu malen.
Viele Erwachsene sind überrascht, wenn sie erkennen, wie sehr selbst jüngere Kinder unter den Kriegen und der Not in der Welt (die sie selbst ja häufig nur am Bildschirm verfolgen) mitleiden. Eine solche Friedensmeditation hält eine

wunderschöne Botschaft und Trost für uns bereit: Nämlich, daß wir alle Teil dieser Welt sind, und daß jeder von uns, wenn er sich bemüht, friedlich zu leben, als Teil dieser Welt etwas für den „Weltfrieden" tut. Jeder einzelne Mensch, ob groß oder klein, kann das Gesicht der Welt verändern!

Kontaktadresse

Es bewegt sich etwas an unseren Schulen. Neue Werte, Lernziele und pädagogische Methoden werden diskutiert und erprobt. Ich hoffe, daß dieses Buch einen eigenständigen Beitrag und eine Ergänzung zu diesem Umwandlungsprozeß darstellt.
Sollten Sie zu diesem Thema weitere Fragen haben oder die Möglichkeit zu einer Fortbildung suchen, so wenden Sie sich an folgende Adresse:

Ursula Rücker-Vogler
gepr. Yogalehrerin (nach den Richtlinien der EYU und EMP)
und Übungsleiterin für Autogenes Training
Görresstraße 32
55131 Mainz

Bitte frankierten Rückumschlag beilegen!

Literaturnachweis

Correll, Werner: „Lernpsychologie", Verlag Ludwig Auer, Donauwörth 1961

Dennison, Paul / Dennison Gail: „EK für Kinder. Das Handbuch der Edu-Kinestetik für Eltern, Lehrer und Kinder jeden Alters", Verlag für Angewandte Kinesiologie, Freiburg 1989

„Der Jugendbrockhaus 1", Brockhaus, Wiesbaden 1985

Harf, Anneliese: „Yoga-Praxis", Verlag Herder, Freiburg 1986

Kurtz, Ron / Prestera, Hector: „Botschaften des Körpers", Kösel Verlag, München 1988

Lowen, Alexander: „Bio-Energetik", Rowohlt Taschenbuch Verlag, Reinbek 1988

Middendorf, Ilse: „Der erfahrbare Atem", Junfermannsche Verlagsbuchhandlung, Paderborn 1988

Montessori, Maria: „Frieden und Erziehung" in Montessori, Renilde / Schneider-Henn, Karin: „Uns drückt keine Schulbank", Verlag Klett-Cotta, Stuttgart 1983

Murdock, Maureen: „Dann trägt mich meine Wolke", Verlag Hermann Bauer, Freiburg 1989

Rücker-Vogler, Ursula: „Yoga und Autogenes Training mit Kindern", Don Bosco Verlag, München 1989

Schmid, Wolfgang: „Der innere Lehrer", in ESO-TERA, Ausg. 4/88, Verlag Hermann Bauer, Freiburg

Schmid, Wolfgang: „Ärztlicher Rat für Bronchial- und Lungenkranke", Georg Thieme Verlag, Stuttgart 1977

Thich Nhat Hanh: „Innerer Friede – Äußerer Friede", Theseus Verlag, Zürich 1987

Tompkins, Peter/Bird, Christopher: „Das geheime Leben der Pflanzen", Fischer Taschenbuch Verlag, Frankfurt am Main 1977

Vopel, Klaus: „Reise mit dem Atem". Kinder ohne Streß, Bd. 3, Isko-press, Hamburg 1991

Wadulla, Annamaria: „Bewußt Atmen – Besser Leben", Heinrich Hugendubel Verlag, München 1984

Literaturempfehlungen

Smithwhite, Marguerite: „Kinderkunst durch Meditation", Ch. Falk-Verlag, Planegg 1989

Vopel, Klaus: „Ausflüge im Lotussitz". Kinder ohne Streß, Bd. 5, Isko-press, Hamburg 1991

Vopel, Klaus: „Denken wie ein Berg, fühlen wie ein Fluß. Spiele und Experimente für eine respektvolle Einstellung zur Natur für 6- bis 12jährige", Isko-press, Hamburg 1991

Register